Vet. Span. II d. 14 (70)

N.º 105

COMEDIA FAMOSA;

NO HAY PLAZO
QUE NO SE CUMPLA,
NI DEUDA QUE NO SE PAGUE,
Y
CONVIDADO DE PIEDRA.

De Don Antonio Zamora, corregida y enmendada, por su Original.

PERSONAS.

Don Juan Tenorio: Galan.
El Rey Don Alfonso: Sobresaliente.
Filiberto Gonzaga: 2.º Galan.
Don Luis Fresneda: 3.º Galan.
Don Diego Tenorio: Barba.
Don Gonzalo de Ulloa: 2.º Barba.
Doña Ana de Ulloa: Dama.
La Pispireta: Graciosa.
Lesbia Criada: 4a. Dama.
El Conde de Ureña.
El Marques de Cadiz.
Camacho: Gracioso.
Fabio Criado: 2.º Gracioso.
3 Aguaciles.
4 Estudiantes.
Doña Beatriz Fresneda: 2.a Dama.
Julia Criada: 5a. Dama.
Música, y acompañamiento.

Empieza en Calle y Puerta, con Balcon á la izquierda. Despues de las voces que dan dentro, salen Don Juan, y Camacho con broqueles.

JORNADA PRIMERA.

1.º y 2.º Victor el pasmo de Europa.
3.º y 4.º Victor el honor de España.
1.º y 2.º Y Victor, para decir
 de una vez sus alabanzas
 el segundo mensigerio.
Den. todos. Victor.
 Salen Don Juan, y Camacho.
Cam. Buena vá la danza.
Don. Juan. Que voces son estas?
Cam. Como
 ha tantos dias que faltas

de Sevilla, te olvidaste
de que este es tiempo en que campan
en la gente estudiantina
la vandola, y la guitarra,
sus estudios aplaudiendo.
D. Juan. Es verdad, no me acordaba:
mas qué mucho me diviertan
cosas de mas importancia?
Cam. Es así; pues solo piensas
 en engañar á las Damas.
D. Juan. Si lo dices por que habiendo

pasado á servir á Italia,
burlé en Nápoles á una;
sabrás que no por burlarla
lo hice solamente, pues
viendo (no obstante la gana
que tuve,) quanto mi Tio
Don Pedro Tenorio tarda
en enviarme á España, hice
por donde me enviase á España.
Cam. A ser otra travesura
la que diese á su jornada
causa, fuera disculpable;
mas con las dos circunstansias
que hubo en el cuento, es en vano
quererla dorar. *D. Juan.* Pues tratas
argüirme (olvidando cuanto
esos reparos me enfadan)
dílas. *Cam.* La primera fué
ser la Dama Julia Octavia
de esclarecido linage
en Nápoles.
D. Juan. Qué ignorancia!
y hecho el yerro, qué mas tiene
el ser noble, que villana?
á demás, que yo ninguna
(en teniendo buena cara,
para complacer el gusto)
le averiguo la prosapia.
Cam. Es la otra que imitando
acciones, vestido, y habla
de quien ya, como su esposo,
salia de noche, y entraba
en su casa, te atreviste
á ser ladron de su fama.
D. Juan. Asi es verdad, y por señas
que Filiberto Gonzaga
era el dueño del cortijo:
mas si en fee de unas medallas
de oro, todo ese Secreto
me reveló una Criada;
quéjese á ella, pues fué ella,
quien me guardó las espaldas.
Cam. Lo cierto es que tu::-
D. Juan. Acortemos
de replicas, y demandas,
y á otra cosa. *Cam.* Lindamente,
y puesto que me lo mandas,
sea tan otra la cosa,
que cada una sea entrambas.

D. Juan. No lo entiendo.
Cam. Pues por cierto,
que está la letra bien clara.
D. Juan. Dí, que yo té doy licencia (*to.*
ya que la música pasa
por otra calle. *Cam.* Si el Diablo
hiciera, que se parára
en aquesta. *D. Juan.* Buen remedio,
despojadlos á estocadas;
pero vé diciendo. *Cam.* Cuando
desamparaste la patria
en fe de unas travesuras,
(muchas, pero muy honradas,
pues fueron dos ó tres muertes
sin motivo, y otras tantas
cabezas rotas, por solo
un quítame allá esas pajas)
no quedó de ti ofendida,
(y no con pequeña causa,)
Doña Beatriz de Fresneda,
muger ilustre, aunque hermana
de un Jacaro, que en la Geria
es el Protoguapo en Gradas?
D. Juan. Sí, y toda su hincha fué
no cumplirla la palabra,
que la dí, de ser su Esposo.
Com. Como quien no dice nada!
pues si la pobre muger
estaba ya desauciada
de esa esperanza; por qué
(asi, que de tus andanzas
vienes,) para otro desayre
la despiertas la esperanza?
Pues todas las noches vienes
tan à deshora à su casa,
sin temer, que el hermanillo,
(que toda la vida anda
en pendencias,) se le antoje
el venir à visitarla,
y ande la de Dios es Christo.
D. Juan. Mira Camacho, ya que hablas
en razon; en quanto à que ella
desista yá de la instancia
no hay duda; pues no es muger
que merece estar casada
con todo un Don Juan Tenorio;
pues demás de la distancia
que hay en ambos, la fortuna
desigualó las balanzas,

en cuanto à los adquiridos
explendores de ambas casas:
Pues hoy mi Padre en Sevilla,
sirviendo el puesto se halla
de Camarero mayor
del Rey, y en cuanto á que salga
el hermano à la defensa
de su honor, (si acaso alcanza
à saber, que como à todas
dí, dado falo á su hermana,)
que negocio? Pues acaso
por que es de los que recalcan
las Jotas, y tuvo en Cadiz
el Barco de la Aduana,
no sabré yo, sin traer
Estoque de mas de marca,
la balona de muzeta,
y el sombrero de antiparra,
darle con mis manos limpias
muchisimascu chilladas?
Cam. El valor no te se niega,
pues antes mil veces pasa
à ser desesperacion!
mas no vas à ganar nada
en tener un quento, cuando
casarte tu Padre trata,
ya con Doña Ana Ulloa
hembra rica, cuya tara
entra (despues de su hacienda)
con ser hija, entre otras gracias,
del Comendador mayor
del orden de Calatrava.
D. Juan. Esa es otra! Pues creiste
(aunque el Cielo se juntára
con la tierra,) que me entregue
yó à una prision voluntaria?
No, Camacho, que mi genio
no es para andar de reata
con muger à todas horas.
Cam. Pues con esa repugnancia,
por qué afectas tantas finas
amorosas pataratas
galanteándola?
D. Juan. Pues dí,
que pierdo yó en galantearla?
Si es boba, y me favorece;
en lista de despreciadas
pondré una Doña Ana mas;
y si acaso se me escapa,

conociendome; me quedo
tan libre como me estaba.
Cam. Santa Doctrina!
D. Juan. Por ella, la Andalucia me llama
el burlador de Sevilla.
Cam. El Tarquino de Triana
dixera yo.
D. Juan. Dexa ya
locuras; y pues á pausas
caminando, y discurriendo
acabamos la jornada,
haz la seña, y entrarémos.
Cam. A qué?
D. Juan. A un rato de parlata.
Cam. Yo apuesto que estará Julia
colgada de la ventana;
pero allá vá.   *Julia á la Reja.*
Jul. Ce, es Camacho?
Cam. Sin faltarle una migaja
dueño mio.
Jul. Y tu señor
dónde está?
Cam. Hay á las ancas.
Jul. Las ancas?
Cam. Pues no es lo mismo
el estar à las espaldas?
Jul. Llámale, y entrad.   (*vase.*
Cam. Si harémos.
den. Est. Victor à pesar de mandrias
nuestro Rector.
den Est. Y revitor
para aplauso de la patria.
D. Juan. La Música vuelve.   *Musica.*
Cam. Quieres
que pasar se olvidára
por cal de Gallegos?
D. Juan. Cierto,
que es lastima no guardarla,
y deshacer la quadrilla.
Cam. Entra, señor, y repara,
que eso es locura.
D. Juan. Por si
estando dentro me enfadan
algo mas, toma la llave
de la puerta.   *vase.*
Cam. Santas Pasquas:
si esta noche no riñera
que me den con una estaca
á mi cien palos.   *vase.*

El Convidado,

Entranse cerrando la puerta, y salen por el Palenque los que pueden vestidos de Estudiantes, con Capas de color, espadas y broqueles, y dos de ellos con arpas, y guitarras, y con ellos la Pispireta, con mantilla y montera de plumas, y detras uno con un victor, pintado de verde con letras de oro, que digan, victor el Rector Don Arias.

Est. 1.º Enforma tocan
caballeros, y la Dayfa,
para que baya la chillona
eche la Jacarandaina.
Pis. Vaya á la salud de ustedes.
Est. 2.º Buen provecho,
y mientras canta;
todo el mundo diga victor
el señor Rector Don Arias.
Canta. Pis. Reinando en Andalucia
Bruton el de Salamanca
sobre el poder de Villordes
floreció el buen Marco Ocaña:
mas hombres mató que el vino,
mas corrió que las matracas,
mas robó que la hermosura,
mas pidió que las demandas.
Rep. Digo, ha compadre?
Est. 1.º Que cosa? *Pis.* Que tál vá?
Est. 2.º Como unas natas.
Pis. Se proseguirá?
Est. 3.º Primero
descansemos de la marcha,
que luego se andará todo.
Tod. Ha dicho de pasmo.
Est. 1.º Acania.
Tod. Qué se ofrece seo Hinojosa?
Est. 1.º Yo quisiera, camaradas,
que el victor en esta esquina
se clavase. *Tod.* Quare causa?
Est. 1.º Es que en este quarto alto
vive habrá algunas semanas,
la hermanilla de Fresneda;
tengo hechas mis caravanas
de pretendiente, y quisiera::-
Est. 2.º Hermoseando la fachada,
hacerla este obsequio?
Est. 1.º Certum. *Est.* 3.º Que se haga.
Tod. Que se haga.
Est. 2.º Y con la gente del bronce

va usted como en una caja.
Est. 1.º Lo estimo, y pues venir hice
á un costiller con la escala,
voy por ella. *vas. Pis.* Si Fresneda,
(Arraez de esta Balandra)
supiera en los pasos que ando!
pero por dos bofetadas
mas, ó menos, no es razon
dejar yo de ganar fama
entre los del pendon verde.
Sale el Estudiante 1.º *con escalera, martillo en la pretina, y claves, y empieza á subir con el victor para clavarlo en un bastidor á la izquierda.*
Est. 1.º Alomenos ya no falta
martillo, escalera, y claves.
Est. 2.º Pues sube, y mientras que clavas
vuelva la música. *Pis.* Yà
se me bulle la garganta:
toque usted Rey. *Est.* 1.º Pispireta
aprieta, que importa. *Pis.* Vaya.
Canta Pispireta, clavan el victor, y salen Don Juan, Camacho, y Doña Beatriz al balcon, está deteniendo á Don Juan.
Can. Pis. Fueron galgos del bureo
que le tragaron la cara,
Mostróles el de Toledo,
Obregon el de Granada,
Carrascosa el de Alcalá,
que era duende de la maula,
hombre que aun sello en el golpe
le quiso quitar las armas.
Asomado á la ventana.
D. Juan. Digo, ha hidalgo?
Beat. Don Juan mira::
D. Juan. Que he de mirar, si es infamia
sufrir tanta demasía?
Beat. Qué infeliz soy!
Est. 2.º Quien nos habla
allá arriva? *D. Juan.* Un hombre que
sale á deciros en plata,
que la pared de su cuarto
no es poste de Salamanca,
para tener rutolones
de almagre, y papel de estraza;
y asi pueden vuesarcedes,
antes que baje, liarlas
á otra parte. *Est.* 3.º Y diga usted,
qué discurre hacer si baja?

D. Juan. Echar el victor al suelo,
y hecho estillas con la espada
metérsele en la cabeza.
Est. 1.º Agua vá.
Cam. Claro es que es agua.
Est. 2.º Braba peste. *Tod.* Braba peste.
Est. 3.º Usted, señor Don Urraca,
(pues claro está que lo es
quien habla desde la jaula)
se recoja; mas primero,
para cumplir con la usanza,
diga victor. *D. Juan.* Bien aprisa
os responderé, canalla. *vase.*
Cam. Cola, y recola, y con su
añadidura de falda. *Est. 1.º* Tírale.
Est. 2.º Mátale. *Dent. Beat.* Espera,
y no, arriesgando mi fama,
tu vida arriesgues. *Est. 3.º* El victor
se quede como se estaba,
y en saliendo muera. *Pis.* Ahora
llega la de cojer Aldas
en cinta, pintando, pues
empiezan ya à llover balas. *vase.*
Salen Don Juan, y Camacho, cierra con los Estudiantes, tropieza, y cae, sale Fresneda, con espada, y le dá lugar á que se levante, y entran retirando à los Estudiantes, y se queda Camacho en el Tablado.
D. Juan. Gallinas, de esta manera
sé yo cumplir mis palabras.
Est. 1.º Pues se han errado los tiros,
apelo à las armas blancas
el valor. *Cae Don Juan.*
Cam. Válgate el Cielo.
D. Juan. Mejor será que me valga
el Diablo, que esto permite.
Est. 2.º ¿Pues la suerte hizo que caiga,
muera, antes que se levante.
Sale Fresneda.
Fres. No muera, que hay quien le ampara.
D. Juan. Pues que ya cobré mi acero,
rayo seré, que desata
la esfera de mi corage. *vanse.*
Est. 1.º Cada uno, camaradas,
por donde pudiera escape
pues el que à su lado se halla
es el Demonio.
Vanse todos menos Camacho.
Cam. No es,

sino el Angel de la Guardia:
¿Mas que miro? Vive Dios
que aqui hay uno, y mi tarama
le ha de hacer rajas; que bien
metió el broquél, mas ya escampa:
ahí vá eso. *Salen Beatriz y Julia.*
Jul. ¿Señora mia
donde vas? *Bea.* Donde la saña
de mi adversa estrella acabe
con mi vida.
Cam. Hombre, ó fantasma,
de palo eres, no sientes.
Beat. Por que no la sombra añada
otra fatiga, una luz
trae, que el estorbo deshaga
de las tinieblas. *Jul.* Por ella
voy al instante en bolandas. *vase.*
Beat. ¡Hay muger mas infeliz!
Cam. Parece que oigo pisadas,
agachome, no sea vengan
los de la mano pesada. *Sale Fresneda.*
Fres. Pues los que à mi me tocaron
huyeron, no será mala
diligencia ir recojiendo
los despojos de las Capas.
Bea. Un bulto diviso. *Fres.* Pero,
pues estando alborotada
la calle, es natural que
Beatriz esté à la ventana.
Mejor es llamar, porque
bajen una luz; mal haya
la obscuridad de la noche.
Cam. Ya tenemos en campaña
un moro. *Fres.* ¿Beatriz?
Bea. Mi nombre
escuché, y pues cosa es clara,
que es Don Juan, ¿que aguardo?
Fres. ¿No
responde? vuelvo à llamarla:
¿Beatriz?
Elega Beatriz á Fresneda.
Bea. Aqui, dueño mio,
está, quien ser, vida, y alma
dà en albricias de tu vida.
Fres. O esta voz es de mi hermana,
ó sueño! *Bea.* Y asi antes que
mas gente acuda, mi planta
sigue. *Sale Julia con luz.*
Jul. Ya está aqui la luz.

¡mas hay!
Bea. ¡Los Cielos me valgan!
que es mi hermano.
Fres. ¿Con quién, fiera,
injusta, traidora hermana
hablabas ahora? *Bea.* Don Luis
si yo::- *Fres.* Mas para qué tarda
mi furor en castigar
tu traicion? *Jul.* Hay que la mata!
Bea. No hay quien me defienda?
Jul. Alon. vase. Sale Don Juan.
D. Juan. Quién, viviendo yo, te agravia?
Fres. Quien en ti, y ella, de un golpe,
quiere tomar dos venganzas.
D. Juan. Tan fácil es?
Bea. Pues cualquiera
riesgo es fuerza que recaiga
sobre mi, mejor, fortuna
(ya que está la suerte echada)
es huir. *vase. Fres.* Asi, traydor,
con una ofensa me pagas
haberte dado la vida? *riñen.*
D. Juan. No te entiendo, riñe y calla.
Fres. Quién eres que te resistes
tanto? *D. Juan.* El Diablo.
Cam. Y no le engaña. *Fres.* Herido estoy.
*Buelven á salir los Estudiantes, riñen con
Don Juan, y Fresneda, que los entran
acuchillando, cada uno por su parte.*
Est. 1.º Alli están.
Est. 2.º Pues llegad, y á nuestra saña
mueran todos. *Cam.* Ya volvió,
el diluvio de sotanas.
D. Juan. Asi os respondo gallinas.
Fres. Que sin conocer me vaya
á quien me ofende? *Cam.* Por Dios,
que van matando la caspa
de pasmo; mas por si hallo
á Beatriz, y á su criada,
á fufón. *vase.*
Est. 1.º De esta manera,
nuestra osadia restaura
aquel desaire primero.
Fres. Para retirarme aun falta
aliento al pecho. *vase.*
D. Juan. Ya aqui
preciso es volver la espalda
al peligro. *Est.* 2.º Hasta que huyan
apretad la mano, y caigan. *vanse.*

*Entran todos. Salon regio, y salen Don
Gonzalo de Ulloa, con hábito de Calatrava, y Filiberto Gonzaga de Gala.*
D. Gonz. Aqui podeis esperar
al Rey, y tened por cierto,
que os he, Señor Filiberto,
de asistir, y de ayudar
hasta que de vuestro honor
salte el pequeño nublado
que le empaña. *Fil.* Si he tomado
tan augusto protector,
qué mucho que en la importuna
suerte de un influjo avaro
enmiende con vuestro amparo
los ceños de mi fortuna?
Y cuando con el contrasto
su ceño, á decir me atrevo,
que toda esta dicha debo
al señor Marques del Basto,
cuya carta me franqueó
el honor de tal padrino.
D. Gon. Cuanto en ella me previno
hiciera sin ella yo
por deuda de caballero;
pues es glorioso interés
amparar á quien lo es;
á demás de que asi espero
embarazar el tratado,
que ya en Sevilla es notorio
de mi hija, y Don Juan Tenorio;
que aunque de tomar estado
es ya tiempo, y es su igual,
no he de arriesgar su belleza
con hombre á quien la nobleza
desaira el mal natural.
Fil. Quien creyera, que cuando vengo *ap.*
solo á restaurar la fama
de una Dama, sea otra Dama
á quien ya rendida tengo
el alma, y que me previene
segunda ruina cruel.
Voces. Plaza, plaza.
D. Gon. El Rey sale, y con él
Don Diego Tenorio viene.
Fil. Poco el verle me embaraza,
que aunque su hijo es mi enemigo,
en él tendré otro testigo
de mi razon.
Voces. Plaza, plaza.

Salen el Rey, y Don Diego Tenorio: Filiberto se arrodilla, y entrega una carta al Rey.

Fil. A vuestros pies: celebrado
  invicto Alfonso el Onceno
  (en cuyo brazo la espada
  es otro segundo Cetro)
  en creencia de esta carta,
  llega un noble forastero
  à pedir que le escucheis.
Rey. Poco favor, para eso,
  habeis menester, que yo
  jamas los oidos niego
  à súplica, ò quexa: alzad.
D. Die. Galan es el forastero.
Rey. Del Rey de Napoles
  es la firma.   *lee.*
Fil. Su nombre espero,
  que haga sombra à mi fortuna.
D. Die. Por no errar el tratamiento,
  quien es, señor Don Gonzalo,
  este hidalgo? *D. Gon.* Un caballero,
  Italiano, à quien por huesped
  tengo en mi casa. *D. Die.* A qué efecto
  à España vino? *D. Gon.* Discurro
  que le oirá Usiria presto?
  y aun os pesará de oirlo.   *apar.*
Fil. Yá acabó de leer. *Rey.* Sabiendo
  yá quien sois, saber taembien
  logre, qual es el empeño
  que os ha traido à Sevilla,
  para que (en cuanto à los fueros
  de Castilla no se oponga)
  os ampare.   *Fil.* Oidme atento.
  Rendido al suave harpon
  de una hermosura, à quien dieron,
  Venus, y Amor, el Demonio
  de su Carcax, y su Imperio:
  merecí ser admitido
  à los lícitos festejos
  de reja, papel, dizfráz.
  goda, música, y terrero;
  peorsas por cuyos preciosos
  espacios sabe el deseo,
  caminando por la dicha
  llegar al merecimiento.
  Bien mi fortuna lo dijo,
  pues en las alas del tiempo,
  volando mis esperanzas,
  consiguieron, que su ceño
  menos esquivo (sin que
  dejase de ser tan bello)
  la entrada me permitiese
  de un Jardin, en cuyo ameno
  espacio no muchas noches
  logré hablarla, en el supuesto
  de que sin mas interes,
  que la dicha del empleo,
  por entonces, aspiraba
  solo, à que nuestros dos cuellos
  à la coyunda de amor
  echase un lazo Himeneo.
  En este espacio (no sé
  si sabrá, Señor) mi aliento,
  ahogado de mi fatiga
  pronunciar mi pena, pero
  qué mucho sepa decirlo
  el que supo padecerlo.)
  En este espacio, un indigno
  Andaluz (por que no acierto
  à decir, segun sus obras,
  un Andaluz Caballero)
  competidor de mi dicha,
  solicitando en secreto,
  sin mi noticia, su logro;
  apeló à tan viles medios
  como son: noche, disfráz,
  engaño, y violencia: Ha Cielos!
  que mal puede la ignorancia
  cerrar el camino al riesgo,
  si desprevenido el daño,
  y desarmado el recelo,
  el primer aviso que hay
  del despeño; es el despeño!
  Digalo el ver, que grangeando
  à una criada, el vil cebo
  del interes; con mis señas
  entrase una noche dentro
  del Jardin, donde, valido
  de mi tardanza, fingiendo
  voz y acciones; à la amante
  porfía de sus esfuerzos,
  lo que yo no pude amando,
  supo el conseguir mintiendo.
  En fin, ladron de su honor,
  y el mio (pues hizo à un tiempo
  de una traicion dos ofensas,
  con solo un atrevimiento)

añadió la última infamia
que fué huír; pero no es nuevo,
que á quien comete un delito
tan vil, un error tan feo,
con valor para lograrlo,
le falte el de mantenerle.
De estas causas, pues, movido,
y de la de que mal puedo
salvar mi opinion, sino
consta al Mundo (ya que ha hecho
cuanto pudo ella, que fué
morir de su sentimiento.)
Que de la mia he hecho yo
lo que á fuér de noble debo;
sabiendo que está en Sevilla;
à retarle en ella vengo
à publico desafio,
en cuyo aplazado duelo
le haga confesar mi espada,
ser él, el infame reo
de tan desairada culpa:
à cuyo fin me presento
desde ahora; y como mas
haya lugar en derecho,
le reto, cito, y emplazo,
para el dia, y en el puesto,
que el nombre, y vos elijais,
por que, aunque pudiera (atento
à mi ira) matarle con
vedadas armas de fuego,
tosigo, ó puñal, logrando
à mi salvo el desempeño;
nada consigo, sino
consigo, que de mi acero
al impulso, agonizando,
diga la verdad muriendo.
Y asi, generoso Alfonso,
pues por mi sangre merezco
esta licencia, y mas cuando
el perdido honor defiendo
de una Dama, (circunstancia
que hace mas airoso el reto)
concederme, segun Leyes
de los Castellanos fueros,
seguro campo en Sevilla,
para que el arbitro supremo
de la lid, veais que, ó no sale
à la Palestra, añadiendo
desaire à desaire, ò que

si sale, es à ser trofeo
del castigo de mi brazo,
y el rayo de mi escarmiento.
D. Gon. Caso raro!
D. Die. Accion indigna!
Rey. Solo siendo, Filiberto,
vuestra sangre fiadora
de vuestra verdad, pudieron
unirse en mi, las distancias
del escucharlo, y creerlo.
¿Es posible, que en Castilla
hubo infanzón, que ofendiendo
con tan indecente hazaña
el lustre de sus Abuelos,
hizo borren de sus timbres
la sombra de tanto yerro?
Fil. Si Señor.   *Rey.* Tenorio, Ulloa,
que decís?
D. Die. Yó, que no encuentro
hombre en quien, naciendo noble,
tanto lugar se haga el genio,
que à esa vileza le humille.
D. Gon. Yo, que en el espacio inmenso
de lo posible, es mas fácil
creer lo malo, que lo bueno.
Rey. Decid quien es, para que,
no dudoso el pensamiento,
vacile.   *Fil.* Es, Señor invicto,
quien osado, loco, y ciego,
tiró la piedra engañando,
y escondió la mano huyendo,
Don Juan Tenorio.
D. Die. Qué escucho?   *Rey.* Quién decís?
D. Die. Válgame el Cielo!
Rey. Conoceisle?   *Fil.* Como puede
no conocerla, si siendo,
por sus continuos arrojos,
reparo comun del Pueblo,
se hizo de todos notado?
y asi, Señor, me mantengo
en que fué Don Juan Tenorio:
Un arrogante mancebo,
que el abrigo de su Tio
Don Pedro (que oy sirve el puesto
de vuestro Embajador) quiso
mi desgracia, que encubierto
pasase à Napoles, hasta
que aplacado vuestro ceño
(por no sè que travesuras)

volviese á España; y supuesto,
que sabido el agresor,
solo resta hacerme bueno
el Campo que pido: otra
vez, á vuestras plantas puesto,
la suplica revalido.
D. Die. Arrogante forastero,
cuya pasion, en la voz
descubre el fondo del pecho;
Don Juan Tenorio, es mi hijo,
y siéndolo, es argumento
de que en él, caber no pudo
el desalumbrado exceso,
que le acumulais: y en suma,
agradeced el respeto
del Rey, que no de otra forma
os diga::- *Fil.* Ved que no vengo
á argüir, sino á lidiar;
y que cuando vengo á esto,
teniendo un contrario mozo,
sobra un enemigo viego:
y asi::- *D. Die.* Las canas, en mí,
parecen nieve, y son fuego.
Fil. Para mí lo mismo vienen
á ser, elando, que ardiendo.
D. Die. Quien juzgue::-
Rey. Qué es esto? Cómo
estando yo de por medio,
hay quien osado::- *Los 2.* Señor::-
Rey. Bien está: y pues yo me templo,
mientras viendo mas despacio
vuestra acusacion resuelvo,
haced lo mismo los dos;
pues sino, vivo yo mesmo,
que sin servirme la pluma,
decrete con el acero.
Ay Doña Ana, ay adorada
tirana de mi sosiego,
si embarazase este acaso
tu desposorio, y mis zelos. *vase.*
Fil. Ayrado va el Rey. *D. Gon.* Yá que,
de esta accion, Señor Don Diego,
me hizo testigo el acaso,
solo que deciros tengo,
que el conferido tratado,
que teníamos dispuesto,
á fin, que nuestra amistad
passase á ser parentezco;
cesó desde hoy: pues yá veis,
que acumulado un defecto
tan público, no es decente
padrino de un Casamiento:
venid.   *á Filiberto. vase.*
Fil. Aunque en este caso
caben pocos argumentos.
Por si teneis que decirme,
que soy huesped os advierto
del Señor Comendador.
D. Die. Id con Dios.
Fil. Guárdeos el Cielo. *vase.*
D. Die. Si el hombre que tiene un hijo,
tiene (segun el proverbio)
mil pesares, qué tendrá
quien tiene un hijo perverso,
tanto, que pasa á lo indigno
el error de lo travieso?
Que haré dudas?
Don Juan, y Camacho al paño.
D. Juan. No es aquel mi Padre? *Cam.* Sí.
D. Juan. Pues lleguemos:
que bien presto su semblante
nos dirá, si sabe el cuento
de noche. *D. Die.* Tratar de ajuste,
estando yá manifiestos
acusador y demanda,
no es bien: poner de por medio
tierra, ausentándolo, es dar
á entender que le reservo
del peligro de la Lid:
dejarle en Sevilla, expuesto
á que su poca paciencia
añada materia al fuego,
tampoco es razon: cordura,
qué me aconsejas, entre estos
tan implicados caminos,
tan peligrosos rodeos?
Si yá no es::-
Sale D. Juan. En qué, Señor,
ó discursivo, ó suspenso,
abstraido de ti mismo
batallas contigo mesmo?
Qué tienes? *D. Die.* Te tengo á ti,
con que en tenerte á ti, tengo
un abismo de pesares,
un piélago de tormentos,
y quítate de delante,
que vive Dios: que me temo
mas á mí, que á tus delirios,

Cam. Yá lo sabe, volaverunt,
D. Die. Dime, loco?
D. Juan. Sermoncico?
pues sea breve, que me duermo.
D. Die. A quién dejaste ofendido
en Nápoles? *D. Juan.* No me acuerdo.
D. Die. ¿A Filiberto Gonzaga,
de los mas Nobles del Reyno,
conoces? *D. Juan.* Creo que sí,
y por señas, que hubo un cuento
entre él, una Dama, y yo.
D. Die. Pues ese, con el pretexto
de tomar satisfaccion,
está en Sevilla. *D. Juan.* Me alegro.
D. Die. Delante de mi ha pedido
Campo al Rey, para que en duelo
público, sean notorias
tu infamia, y su desempeño.
El Comendador Ulloa,
no solo en desaire nuestro
le ampara (pues en su Casa
le hace el aposentamiento)
sino que ajando mi lustre,
y el tuyo, de los conciertos
de tu Boda con su hija,
se niega al contrato, y puesto,
que mientras el Rey concede,
ó no, licencia, podemos
discurrir el mejor modo
de enmendar con el consejo
lo que ha errado la arrogante
temeridad de tu genio;
quédate à pensar contigo
el empeño en que te has puesto,
mientras yo (si à la fatiga
de tanto dolor no muero)
procuro obrar, como al fin
buen Padre, y buen Caballero. *vas.*
D. Juan. Y bien; qué dices Camacho
de esto? *Cam.* Que sal quiere el huevo:
¿Mas tu qué piensas hacer,
Señor? *D. Juan.* Echar por en medio,
y matar al Itáliano:
Ven conmigo. *Cam.* Donde?
D. Juan. Necio,
Casa del Comendador,
por que yo no entiendo de esto
de plazos, ni desafios
à lo antiguo y en efecto,

si no le encontrare al paso,
diré unos cuantos requiebros
à la Novia.
Cam. Eso es, Señor: lo peor, y lo mas
presto. *D. Juan.* Ciego de colera voy. *v.*
Cam. Estupendo miedo llevo;
mas por que à perder no lo eche
si vá allá, dar soplo intento
à su Padre; este hombre anda
por que le den pan de perro. *va.*
*Salen Doña Ana de Ulloa: Doña Beatriz
con manto, y Lesbia Criada.*
D. Ana. Quédate, Lesbia, à esa puerta;
y à nadie, sin avisar,
dejes á esta Sala entrar.
Les. Aunque la veas abierta
pierde, Señora, cuidado:
rabiando estoy por saber
à qué vino esta muger. *vas.*
D. Ana. Yá, Beatriz, que hemos pasado
de mi Padre al cuarto, habiendo
antes en el mio sabido
la causa que os ha traído.
Que en él hallaréis entiendo
enmienda á tanta traidora
ruína, como en males dos,
vos sentís, y yo por vos;
y bien lo mostraré ahora,
interponiendo mi ruego
con mi Padre, à fin de que,
amparo en mi Casa os dé.
D. Bea. Si esa dicha à lograr llego,
en vano mi bien arguye,
que la suerte me limita.
Pues cuanto me quita,
piadosa me restituye:
¿Mas cómo faltar piedad,
para quien la vá buscando,
pudo, en Casa, que apostando
timbres à la antigüedad
es el centro del honor.
D. Ana. ¡Pesar, en mal tan impio,
acuérdate que eres mio!
no asomado mi dolor *ap.*
al labio, accion, ó semblate
haga mi agravio notorio:
¿Con que en fin, Don Juan Tenorio,
de vuestra belleza amante
palabra de Esposo os dió?

D. Bea. Pues cómo de otra manera,
haber logrado pudiera,
que le diese entrada yo
en mi Casa? Circunstancia,
que hoy mi quietud atropella;
pues estando à noche en ella,
de su genio la arrogancia
ocasionó mal sufrida
la pendencia, á cuyo ruido
(como despues he sabido)
llegó mi hermano, à dar vida
al mismo que le ofendió,
tan à su costa, que mal
herido en tan desigual
lance, por él arriesgó
vida, libertad, y hacienda:
Mas para qué en mi tormento
volver á contar intento
lo que sabeis, sin que atienda
áque mi desdicha grave
lisonjeando el labio está?
D. Ana. Quién, si esto escucha creerá, *ap.*
que en un pecho noble cabe
tanto abismo de traiciones,
añadiendo engaño á engaño?
Mas qué discurro si un daño
tiene dos satisfacciones:
Una, mostrando que cuido
del mismo honor que ha quitado,
y otra, haciendo á mi cuidado
medianero de mi olvido;
y mas cuando otro pesar
el nuevo huesped me trujo,
D. Bea. Hado infiel! *ap.*
D. Ana. Adverso influjo! *ap.*
Las 2. Cómo::-
dentro Les. No podeis entrar.
D. Ana. Gente, y por que no,
antes que á mi Padre hableis,
aqui os encuentren; podeis
(en tanto que salgo yo
al paso) en ese aposento
esperar á que os avise.
D. Bea. No en vano, Señora, quisé
fiar á vuestro entendimiento
mi labio: dolor, paciencia
en ventura tan escasa. *se esconde.*
den. D Juan. Pues cuándo yo en esta casa
hube menester licencia?

den. Les. Ved, que yo::-
D. Ana. Lesbia, quien es? *Sale D. Juan.*
D. Juan. Quién puede ser, que no sea,
hermosísima Doña Ana,
quien de tus rayos á cuenta,
mariposa de tus luces,
salamandra de tu hoguera,
viviendo está de los mismos
incendios en que se quema?
Cólera, disimulemos. *ap.*
D. Ana. Que de esta suerte se mienta?.
No creí, Señor Don Juan,
que en hombres nobles cupieran
tan traidores procederes,
tan viles correspondencias:
Mas yo me engañé; pues cuando
de vos en toda esta tierra
tan indignas voces corren,
tan bajas noticias vuelan,
quise, escondiendo las dudas,
deslumbrar á la evidencia;
mas yá que::-
D. Juan. Escúchame, y luego,
dado que te los merezca
castíguenme tus rigores.
hablan aparte. (puerta,
al paño. D. Bea. Pues puedo desde esta
ver quien en el cuarto entró
de Don Gonzalo, desmienta
mi temor::- pero Don Juan
Tenorio, es, albricias penas,
pues sabiendo que aqui estoy
viene á librarme, y lo prueba
ver que de Doña Ana, está
informándose; ó fineza!
lo que debo á su cariño.
D. Ana. Si son las disculpas esas,
que alegais, precioso es que,
solo por ser vuestras, mientan:
¿La llave de mi Jardin dónde está?
D. Juan. Que quieres de ella?
D. Ana. Que me la deis, para que
la permitida licencia,
que habiendo de ser mi Esposo
tuvisteis; viendo que cesa
la causa, cese el efecto.
D. Beat. Esto es yá de otra materia:
zelos, atencion. *D. Juan.* Si de mi
cordura se aprovecha

vuestra porfía, fingiendo
tanto diluvio de quejas:
Vive Dios::- *D. Ana.* Solo ahora falta,
que me echeis una pendencia:
Ea, entregadme la llave,
mas no me la deis, que es fuerza
que no merezca ser mia
habiendo yá sido vuestra:
pero advertir (por si acaso
osais en fé de tenerla
transcender estos umbrales,)
que habrá poca diferencia
en poner vos el pie, y yó
castigar la desvergüenza.   *vase.*
D. Juan. Oye, que he de saber antes
quien te ha contado en mi ofensa
tanto número de engaños.
          Sale Doña Beatriz.
D Bea. Doña Beatriz de Fresneda.
D. Juan. Esto tenemos ahora?
bien por Christo!   (lo creo,
D. Beat. Conoceisla? Diréis que no; yó
por que si la conocierais,
no hubieran vuestras traiciones::-
D. Juan. Poco á poco, y valga flema,
Beatriz, que no estoy de humor
de apurar quintas esencias
de quejas, zelos y amor.
D. Beat. Zelos llamais las ofensas,
traidor? *D. Juan.* Si tu, persuadida
á que era facil que uniera
un nudo nuestras dos almas,
te engañaste; á quien te quejas?
Y pues no es razon que demos
que decir en casa agena,
quédate.   *D. Beat.* Cómo quedarme,
sin que cumplas la promesa
que hiciste?
D. Juan. En vano te cansas.
D. Beat. Daré de mi agravio quejas
al Rey.
D. Juan. Con Don Juan Tenorio
no se entienden las querellas.
D. Beat. Apelaré al Cielo, cuya Justicia
á nadie respeta.
D. Juan. Si tan largo me lo fias
yó te permito la espera.
D. Beat. Tarde fia, quien de Dios
al divino Juicio apela?

D. Juan. Qué sé yó? déjame ahora
y lo que quisieras sea.
D. Beat. Hombre infiel!
D. Juan. Estás quejosa.
D. Beat. Mal Caballero!
D. Juan. Estás ciega.
D. Beat. Si porque vés::-
D. Juan. No des gritos.
D. Beat. Que soy::-
       Sale Don Gonzalo Ulloa.
D. Gon. Qué voces son estas?
D. Beat. Turbada estoy!
D. Gon. Vos aqui,
Señor Don Juan::-
D. Beat. Suerte adversa!
D. Gon. Con Doña Beatriz? Y vos,
Señora, tan descompuesta
en mi Casa?
al paño. D. Ana. De mi Padre,
oí la voz; y por si media
mi cordura el lance, es bien
salir.
D. Gon. Suerte no pequeña   *ap.*
fué, que leyendo una carta
se haya quedado á la puerta
Filiberto.
D. Juan. Al acordarme   *ap.*
de que á mi sangre desprecia
Don Gonzalo, embarazando
mis Bodas, en iras nuevas
arde el pecho.
D. Gon. En fin entrambos
negando el uso á la lengua,
callais? Qué há sido esto?
       Sale Doña Ana.
D. Ana. Yó,
Señor, lo diré.
D. Beat. Estoy muerta?
D. Ana. Beatriz (en la confianza
de que ha de ser tu nobleza
seguro puerto al vaiven
de su fortuna deshecha)
buscándote entró en mi cuarto;
desde donde, por que vea
cuanto adelanto el alivio
al tuyo la pasé, por que,
sin tantos testigos, pueda
informarte, en cuyo espacio
(habiendo hecho del yo ausencia)

creer debo, que á el (ha tirano!)
haya venido tras ella
el Señor Don Juna Tenorio,
de quien, como el lance muestra,
podrás::-
D. Juan. Señor Don Gonzalo;
pues nada en estas materias
es mejor que el hablar claro,
ni yo sé lo que quiera
esa Dama, ni en su busca
he entrado en la Casa vuestra:
y para que veais presto
cuan distinta dependencia
á ella me trujo: decidme::-
    Sale Filiberto.
Fil. Del Marques del Basto era   *ap.*
la Carta, y en ella:-   *D. Ju.* Cómo,
cuando á su enemigo encuentra,
no obra mi ira? Traidor, muere.
D. Beat. Que haces?
D. Gon. Cómo en mi presencia
osais::-
D. Ana. Cielos, otro susto?
Fil. Hay mas raras contingencias?
D. Juan. Suéltame, ó vive mi enojo:-
Fil. Ya que esa Dama se empeña
en embarazar lo que
despues llorará si os suelta;
advertir, Señor Don Juan,
que para ver donde llega
ese ardor tengo pedido
Campo al Rey, con evidencia
de que segun el motivo
de mi causa le conceda;
y pues estando retado,
el que de noble se precia,
debe no apelar á los
acasos de una pendencia:
reservad todo ese enojo
para cuando en la Palestra
nos veamos.
D. Juan. En cualquiera parte,
que hallo á mi enemigo, es fuerza
darle á entender::-
Fil. Ya os he dicho,
que os templeis, cuando se templa
el quejoso, y por que aun este
aviso el resguardo tenga
de esta accion, agradeced

que os hable de esta manera
á la Casa en que os encuentro,
que no sé yo si allá fuera
tan cuerdo obrara; y en fin
pues la calle es mas abierta
campaña, no á estas Señoras
asuste la inadvertencia
de vuestra ira; arguyendo
cuan poco el veros me mueve
con la mano en el acero;
el ver que de vos se ausenta
mi cordura; pues si otra
accion el lance pidiera,
no estuviéramos, Don Juan,
por ninguna contingencia,
vos con la espada empuñada
y yo con la espada vuelta.   *vas.*
D. Juan. Vive Dios, que ese es temor,
y presto haré que os desmienta
la esperiencia. *D. Gon.* Donde vais?
D. Juan. A castigar su soberbia.
D. Gon. Habiéndoos visto en mi Casa,
no ha de pasar á sangrienta
la cuestion. *D. Juan.* Ved que mi enojo
ningunas canas respeta.
D. Beat. De un empeño nace otro.
D. Gon. Mi valor hará que aprenda.
D. Beat. No le dejeis ir, Señor.
D. Ana. Dejadle salir, y muera.
D. Juan. Ved que yo::-
D. Gon. Vuestra porfia
yá con mas causa me empeña;
y pues ya saqué la espada
para defender la puerta,
ved como ha de ser?   *riñen.*
D. Juan. Matando yo
á quien el paso me niega.
D. Ana. Hay infeliz! *D. Beat.* Dónde iré,
que no me siga mi estrella!
D. Ana. Fabio, Ernesto, Lesbia, Nice?
D. Gon. Muerto soy.   *cae.*
D. Juan. De esta manera,
á quien mi voz no persuade,
mis cóleras escarmientan.   *vase.*
D. Ana. Qué estoy mirando desdichas!
D. Gon. Espera, traidor, espera,
que aun estoy vivo.
Sale Lesbia, ⎱ Qué es esto?
y Fabio. ⎰ Amada mia.

D. Ana. Una tragedia,
tal, que disuade el sentirla
la incertidumbre de creerla:
Padre! *D. Beat.* Señor?
D. Gon. Fementido,
aunque tropezando sea,
te he de seguir, y por mí,
el Cielo que á todos venga,
tome á su cargo mi muerte.
D. Ana. Por si hay en el daño enmienda,
ayúdente nuestros brazos. *vanse.*
Llévanle, y salen riñendo Don Juan, y Filiberto por la derecha.
D. Juan. Ahora veréis, si quien era
allí osado, aquí es valiente.
Fil. Y vos, que el que allí os detenga
es para que aquí os castigue.
den. Cam. El paso, Señor, aprieta
si quieres llegar á tiempo.
D. Juan. Mucho duras!
Fil. Mucho alientas!
Salen Don Diego Tenorio, y Camacho.
D. Die. Tente Don Juan, Filiberto,
aguardad. *D. Juan.* Si no deseas,
que despechada mi rabia
atropelle tu prudencia,
quítate de enmedio. *D. Die.* Cómo,
Bárbaro, cuando lo ruega
un Padre, no te detienes?
D. Juan. Como en ocasion como esta,
no es el respeto mas, que
una máscara de flaqueza.
Fil. Antes es sobre seguro
bizarrear sin contingencia,
y así, ya, Señor Don Diego
por mí (mediando yo) cesa
el empeño. *D. Juan.* Por mí no,
que no está mi espada hecha
á reducirce á la cinta
sin sangre. *Cam.* Ay tan mala bestia!
D. Die. Vive Dios! *Sale Fabio.*
Fab. Don Juan Tenorio,
dónde está? *Fil.* Qué es lo que intentas
Fabio? *Fab.* Ya que le he encontrado,
matarle, pues lo aconsejan
mis lealtades. *Fil.* Quién te obliga
á que á tanta accion te atrevas?
Fab. Ved,
que ha dado muerte á mi Amo.

Fil. y D. Die. Qué dices?
Fab. Que muerto queda
el Comendador. *Fil.* Ahora,
sin que á otro motivo atienda,
sabré darle muerte yo.
Cam. Ya escampa, y llovian piedras.
D. Die. Siendo dos los que te embisten
ya, hijo, estoy en tu defensa.
Riñen dos á dos, y salen Aguaciles.
Alg. 1.º Ténganse al Rey.
Alg. 2.º La Justicia.
D. Juan. Poco ese nombre me enfrena.
D. Die. Qué es no enfrenarte, Cobarde?
Cam. Ha señor, coge soleta,
que esto vá de mala data.
Juan. Dices bien, pues á ir me fuerzan
un Padre que me embaraza,
y una dama que me espera. (*vanse.*
Fil. Dejad, que siga al que muerto,
en su propia casa deja,
al Comendador Ulloa.
Alg. 1.º Si esa es obligacion nuestra
en vano es cansaros vos.
D. Die. Advertid:- *Alg. 2.º* Vámos apriesa,
que esta es causa de importancia. *vans.*
Fil. Por si antes que ellos llega
mi venganza, atravesando
la Calle que está mas cerca,
le saldré al paso. *va. Fab.* Contigo,
vá mi Valor. *va. D. Die.* Quién dijera,
que en dos horas solas caben
eternidades de penas?
Mas pues no hay de asegurarle
mas modo, que el que le prendan;
á que le prendan iré:
Divina Justicia inmensa,
piedad, aunque el despecho
abuse de tu clemencia. *vase.*

JORNADA SEGUNDA.

Salen por la izquierda el Rey y acompañamiento, por la derecha Doña Ana de Ulloa y Filiberto Gonzaga, se arrodillan los dos, Doña Ana de luto, y Lesbia se queda al paño.

D. Ana. A vuestros pies, generoso
Alfonso, Rey de Castilla:-
Fil. A vuestras plantas, invicto

Alcides de Andalucia:-
Ana. Una muger, desdichada,
á pedir viene Justicia:-
il. Buscando piedades,
un noble Estrangero, se humilla.
Ana. Y de ellos no he de apartarme:
il. Y á ellos es justo que insista:-
Ana. Hasta saber que la logre.
il. Hasta ver que la consiga.
ey. No esteis asi, alzad del suelo,
lleguen suplicas, y quejas;
sepa yo lo que os motiva
á unir á ruegos que abogan,
persuasiones que acriminan.
Ana. Si este luto, si este llanto,
melancólicas insignias
de mi dolor, no os han dicho,
que soy la infelize hija
de Don Gonzalo de Ulloa
(cuya fama esclarecida
despues de su muerte se hace
venerar en sus cenizas)
aun mejor que ellas, Señor,
y ya que á mi tan unidas
para informaros lo diga
ser contra Don Juan Tenorio,
mi instancia; pues aunque sigan
contra él tantas causas,
cuantos hizo agravios y malicia;
ninguna con parte de
tan superior gerarquia
como mi razon; pues esta
es la primer vez que pisa
Doña Ana de Ulloa, losas
que pensó hallar algun dia
para Dama de la Reina;
quísolo asi mi desdicha!
La poca causa que tuvó
de Don Juan la tirania,
para dar muerte, á quien ya
cansado de años vivia,
tallando en sus desengaños
los mármoles de su pira;
bien vuestra Alteza lo sabe,
bien el Mundo lo publica,
y bien mi dolor lo llora;
¿Mas qué importa, en la precisa
dañada influencia de una
malévola estrella impia,

no haber causas, que provoquen,
si hay ceguedades que irritan?
Tres meses ha, gran Señor,
que sin dar á mi afligida
queja mas satisfaccion,
que la que tiene en si misma;
le teneis preso, y aun está,
mas la pública vindicta
la debe al amor, que ampara,
que á la equidad que castiga:
pues si para asegurarle
de mi rencor, de mi ira,
(que al fin soy muger, que airada
no es mucho que esté temida)
no hubiera sido su Padre,
quien á la Torre en que ha vista
le condujo; creo yo,
que aun no tuvieran sus iras
la pension de estar suspensas
para no obrar como altivas;
Cuanto ha tocado á mi amor
para mostrar cuanto estima
de aquel elado cadaver
las yertas pavesas frias;
ha sido labrarlas noble
sepulcro, que en la capilla,
que es honroso Patronato
de nuestra Ilustre familia
religiosamente, ultrage
las memorias de Artemisa:
Sobre él, mi difunto Padre,
al tallado marmol fia
el dibujo de sus señas,
el bulto de sus insignias
tan vivo, que bien podeis,
si de vuestra Monarquia
inquietaren las fronteras
las escuadras Berberiscas,
sacarle en Estatua, á que
para postrar su osadia,
por vos, haga su retrato
lo que hiciera su cuchilla,
pues si esto que á mi cariño
tocó, supo mi hidalguia
desempeñar, vos, Señor,
haced tambien, á la vista
de mi razon, lo que toca
al brazo de la Justicia,
en castigo de un aleve

(ay amor no me lo riñas)
cuya traicion en un pecho,
el noble resguardo os quita
de vuestra corona; y pues,
tanto es vuestra como mia
la Causa; muévaos el ver,
que á vuestras plantas os pida
venganza, el triste lamento
de una muger afligida,
que huérfana, triste, y sola,
mas logro no solicita,
que ver su sangre vengada,
ya que la miró vertida. *de rodillas.*
Rey. Alzad, señora, del suelo,
y no el fuego, que destila
vuestra congoja os abrase
las flores de las mejillas:
pero antes, que á vuestra instancia
responda, es accion precisa
en mi, saber lo que intenta
Filiberto, por si unidas
vuestras dos acciones, puedo
atarlas, ó convenirlas
de tal suerte, que no queden
resquicios á la malicia.
Fil. Mi súplica, gran Señor,
aunque es contraria, es la misma.
Rey. ¿La misma, y contraria?
Fil. Si, pues es pretender que viva
para que le mate yo;
y pues teniendo admitida
vuestra Alteza, mi demanda
(cuya instancia patrocinan
los fueros que á cualquier noble
segura Palestra libran)
debeis mirar por mi honor,
antes que vea Sevilla
á Don Juan en el Cadalso,
dar satisfaccion cumplida
al difunto Don Gonzalo;
(que es lo que pide su hija,)
que en su Compañía la vea
la verde estancia florida
exponer, Señor, el pecho,
cuando mi furor le embista,
ó al golpe de dos Arneses,
ó al encuentro de tres picas;
es lo que os suplico yo;
aunque creo, (si se mira

á los efectos que ofrecen
mi esfuerzo, y su cobardía)
lo mismo es que sentenciarle
à muerte; por quo si lidia
conmigo, se sabe, que antes
de que me acometa, espira.
Rey. Ambos à dos piden bien:
Lo que mi cariño estima
à su Padre, mi piedad
mas hácia esta parte inclina:
Esto ha de ser; pues por ahora,
Doña Ana, lo que mas insta
es no quitarle la fama,
pues le he de quitar la vida,
dar tiempo al tiempo es razon.
Tomad vos esa sortija,
que anillo real, asegura
el ser yo quien os envia,
y valido de su indulto,
desde la Torre en que ha vista,
poned à Don Juan Tenorio
preso en su Casa, en la fija
suposicion de que haciendo
omenage, y pleitesia
antes, su Padre, de darle
siempre y cuando se le pida.
Fil. A vuestras plantas Invictas:—
Rey. No os detengais, por que import
á mi cariño la prisa.
Fil. Perdona amor, que aunque sepa
que á Doña Ana desobliga
mi intencion; fuerza es mostrar,
que entre el garbo y la caricia,
no puede ser con Don Juan,
airoso, y con ella fina. *va*
D. Ana. Qué esto vean mis pesares!
ha lisonja, quién diria,
que con el Rey pueda menos
mi verdad, que tus mentiras!
Rey. De esta manera podré,
pues ya ajustadas tenian
sus Bodas, dar tiempo al tiempo,
para ver si se suaviza
este ceño, efectuando
el contrato: pues rendirla
podrán, ó la autoridad,
ó el ruego.
D. Ana. En fin: solicito
vuestro precepto::—

Sale Don Diego Tenorio.

D. Die. Señor?
Rey. Don Diego Tenorio (albricias,
pues este acaso embaraza
el que en sus quejas prosiga
Doña Ana) qué traeis de nuevo?
D. Die. Muchas gracias, que rendidas
à vuestros pies, como siempre,
sean ofrendas votivas
de mi reconocimiento.
Rey. No os entiendo.
D. Ana. Ay ansias mias!
D. Die. Filiberto me ha contado:—
Rey. Que á pasar à Don Juan iba
á su casa, es verdad? pero
si es eso lo que os obliga
á darme gracias, sabed,
que lo que hoy para rendirlas
parece piedad, dilata
su pena, mas no la evita;
porque aunque hay favor que templa
hay parte que fiscaliza.   *vase.*
D. Ana. ¿Que esto una privànza pueda?
mas vivo yo, que pues quita,
el Rey, à mis esperanzas
la que de lograr tenia
mi satisfaccion, el oro,
(pues todo lo facilita)
me grangeará la venganza:
¿Donde va Vueseñoria?   (*á D. Die.*
D. Die. A serviros, porque el ser
mi hijo quien os irrita,
no es motivo, para que
no sea yo quien os sirva;
y creed, señora, que nadie,
mas que mi amistad, sentida
en vuestra desgracia, el todo
de su dolor participa:
pero el tiempo:—   *D. Ana.* No señor
Don Diego, en mis repetidas
penas, aviveis el daño
despertando la noticia.
D. Die. Pues venid.
D. Ana. Con tales honras,
quedará desvanecida
mi confianza.   *D. Die.* Esta es
deuda, no galanterías:
mi hija os pensé hacer, suplid
el que os trate como á hija.   *vanse.*

Salen Da. Beatriz con manto, y Camacho.

Cam. Por que quieres esperar,
Señora, que mi Amo venga,
en la calle donde tenga
la gente que reparar?
Entra en su cuarto, y allí
podrás esperar mejor.
D. Bea. Bien dices, aunque el rigor
de mi fortuna (ay de mí!)
en ninguna parte ofrece
alivio al dolor que siento.
Cam. Tu tienes de tu tormento
la culpa, pues apeteces
á un hombre, cuya tiranía
falsedad, que viendo estoy,
á cuantas engaña hoy,
deja burladas mañana.
D. Bea. Es muy facil de engañar
amor: mas dime (siquiera
por ser alivio que espera
la fuerza de mi pesar)
cómo desde la prision
le traen á su casa?   *Cam.* Eso,
que es cuento largo confieso,
que pidiera relacion
à estar mas despacio; pero
de qué te has sobresaltado?
D. Bea. De que Fabio, el criado
de Doña Ana, á lo que infiero,
cruzar á mi hermano ví
la calle (ah Cielos!)   *Cam.* Ahí va:
Pues por estotra, que está
mas sola, escapa, y asi
podrás burlar tu temor.
D. Bea. Porque no perder quisiera
la ocasion de que me oyera
dos palabras tu señor;
en San Francisco, aguardando
tu aviso estaré, que allí
podrás tu buscarme.   *Cam.* Di,
(porque no ande reparando
la iglesia) dónde estarás?
D. Bea. Junto á la capilla de
los Ulloas, para que
(pues no como las demas
en el templo está, y su puerta
une por la cercanía
del claustro, y la portería)
con una seña me advierta

3

tu cuidado, de si es
hora de ver á Don Juan.
Cam. Me place, que asi podrán
ver mis deseos (despues
que tu de ella hayas salido)
el sepulcro que han labrado
al Comendador. *D. Bea.* Cuidado, *ap.*
pues no sabes ser olvido,
haz de tu parte por ver
si quien en su amante llama
no le vence como Dama,
le obliga como Muger. *vas.*
Cam. Aunque con bastantes veras
la disuadiera el reclamo
(pues buscar razon en mi Amo
es pedir al Olmo peras)
quién á mi flema le mete
en eso? Beatriz, perdone (*cha.*
pues en términos se opone *por la dere-*
al oficio de Alcahuete:
y pues:- Mas mi Amo Don Diego
á Doña Ana viene alli (*da.*
escuderando; vé aqui, *por la izquier-*
que hiciese el diablo, que luego,
con Filiberto llegara
mi Amo Don Juan: hecho, y dicho,
¿Que Profeta es un Capricho
de Lacayo que repara?
Mesurome como quien
jamas ha quebrado un plato,
y hago el arrimon.
Salen Filiberto, y Don Juan, y Algua-
ciles por la izquierda.
Fil. Pues ya,
desde aqui me encargo, hidaldos,
de la guarda del señor
Don Juan (á quien me ha entregado
su Alteza, por que en su Casa
tenga por prision su cuarto)
desde aqui podeis volveros.
Alg. 1.º Pues es el orden que traigo
obedeceros, en fee
de mirar en vuestra mano
el Real anillo ;quedad
con Dios. *Alg. 2.º* No nos despidamos
sin hablarle. *Los 2.* Quedad con Dios.
Alg. Vea V. S. si nos manda algo?
D. Juan. Dios os guarde.
Alg. 1.º En este hombre,

es de alabar el agrado. *vanse.*
D. Juan. Que haya yo de recibir
de mano de mi contrario
la libertad? Vive Dios,
que de solo imaginarlo,
en nuevas iras fluctúo,
en nuevas coleras ardo.
Fil. Ya, señor Don Juan, por mi:-
D. Juan. No prosigais, porque al paso
he visto á mi Padre. *Fil.* Y viene,
á Doña Ana acompañando
si no me engaño; y pues vos,
como al fin buen cortesano,
no quereis que os vea; en este
portal podeis ocultaros
mientras pasa. *D. Juan.* Si me viere,
eche la culpa al acaso,
que lo quiso, y asi el dia
que los dos nos encontramos
paciencia, que yo por eso
no he de echar por otro lado.
Salen por la derecha Don Diego hablando
con Doña Ana y Lesbia detras.
D. Die. Venid, señora.
D. Ana. Ay de mi!
todo el corazon se ha elado:
qué mucho, si he visto á quien
dos veces me habia muerto?
D. Die. ¡Oh cuanto
siento que al paso mi hijo
este! pero remediarlo
procuraré de esta suerte.
Fil. Si otro mas afortunado *á D. Ana.*
que yo logró la ventura,
señora, de acompañaros;
permitidme, que partida
la dicha entre dos criados,
logre desde aqui serviros.
D. Ana. Vuestro cortés agasajo
estimo, mas creo que
con rdmitirle le pago.
D. Die. Llega *á Don Juan.*
á hablarla, y si el azero
la injurió, acállela el garbo.
D. Juan. ¿Y quereis, que la diga,
si para mi son estraños,
filetes que son mentiras,
y párecen agasajos?
D. Die. Llega pues. *D. Juan.* En cada pié

De Piedra. 49

muevo un monte. *Cam.* Lindo paso!
D. Juan. Si el ceño de la fortuna
(vive Dios que estoy turbado)
dispuso hacerme instrumento
de vuestro pesar, quejaos
del destino, no de mi,
pues no es razon, que entre ambos
(hermosa está,) pague yo,
ofensa que os hizo el hado.
D. Die. No le respondeis?
D. Ana. Ya creo,
que le ha respondido el llanto
¡Ah traidor, que tanto siento
mi dolor, como tu engaño! *vase.*
D. Die. ¡Ahogáronsele las razones
en el pecho, no me espanto!
Cam. Lesbia, á Dios. *Les.* ?Como se atreve
á hablarme el picaronazo?
Cam. Y pues muger, yo qué te he hecho?
Les. Ser criado de su amo. (*vase.*
D. Juan ¿Amor, como á un mismo tiempo
la aborrezco, y la idolatro?
Fil. Zelos, poco á poco! *D. Die.* Aquí,
Sñor Filiberto, un rato
me sperad, que luego que
haya á Doña Ana dejado
en su Casa, volveré,
por serviros, á buscaros.
Fil. Aguardad, que antes es fuerza
en la ocupacion trocarnos
que trujimos. *D. Die.* Cómo?
Fil. Como,
que deje, el Rey, me ha mandado,
en su Casa, á vuestro hijo
el señor Don Juan, debajo
de palabra que habeis vos
de dar de entregarle cuando
su Magestad os lo pida;
y pues en leales Vasallos,
como vos ya la obediencia
va incluída en el mandato,
quedaos con él mientras yo
á cumplir por vos me parto
con aquel cortejo: Y ya, (*á D. Juan.*
que he conseguido dejaros
(Señor Don Juan) sino libre,
menos preso; de mi garbo,
aprended á manejar
quejas de vuestro contrario. *vase.*

D. Juan. ¡Qué esto oiga, y no le arran-
el corazon á pedazos! (que
D. Die. En fin hijo: mas por que
de esta manera te llamo?
En fin, muerte adelantada
de mis ya caducos años;
de tu persona me fian
la guarda, desconfiados
de que tú:— *D. Juan.* Pues lo quisiste,
te está muy bien empleado.
D. Die. Yo lo quise?
D. Juan. Sí, pues fuiste
quien mis iras sosegando,
diste lugar á que como
reo público, hombre bajo,
en una carcel me metan,
y pues dentro de ella he estado
tres meses, agradecerme
puedes, que un dia de tantos,
no la haya pegado fuego.
D. Die. ¿Y en tan conocido estrago,
hombre, Basilisco, ó fiera,
qué lograrás? *D. Juan.* El gustazo
de que yo, y todos los presos,
nos pasarémos de un salto
á los Infiernos, á donde
he de ir, tarde, ó temprano.
D. Die. Calla, que de solo oirte
me estremezco. *Cam.* Hermosos actos
de contricion. *D. Die.* Entra en Casa,
mientras yo dando á Palacio
vuelta, á su Alteza doy cuenta
de todo lo que ha pasado.
D. Juan. Por que se vaya obedezco
por ahora. (*Entran y salen al Salon*
D. Die. Tu, Camacho, (*corto.*
queda de guarda de vista
de ese humano monstruo, en tanto
que yo vuelvo. *Cam.* No doy ya
dos alberjas por mis Cascos.
D. Die. Presto volveré: fortuna
afloja la cuerda al arco! *vas.*
D. Juan. Fuése ya mi Padre? *Cam.* Si.
D. Juan. Pues ya que estoy libre, vamos
haciendo cuatro visitas
á las Comadres del barrio.
Cam. Pues y la palabra que
di yo de guardarte?
D. Juan. Borracho,

solo ahora falta que tú
des tu voto, como sabio,
en las materias de duelo.
Cam. Soy un bestia, soy un Asno;
mas no riñamos por eso.
D. Juan. Si has de andarme á cada paso
mareando con tus locuras,
quédate, ó te descalabro?
Cam. Lo primero es lo seguro.
D. Juan. Gallinas menos.
Cam. Andallo:
ya anda suelto? guárdate
Comendador de Santiago.
D. Juan. Ay Doña Ana, quien creyera
que á quien ni un solo cuidado
costaste como Marido,
cuestes, como Galan, tantos? *vas.*
Cam. Y yo á avisar á Beatriz
(pues quedo desocupado)
iré, de que hoy no hay
ocasion, ni yo la aguardo,
de que hable á mi Amo; Dios
me saque de ser Lacayo
de Señor travieso. *vase.*
*Salen Fresneda; y Fabio: En calle
completa.*
Fres. Ved
en que puedo, Señor Fabio,
serviros? *Fab.* Viendo que ya
estais (á Dios gracias) sano
de aquella pasada herida::-
Fres. Asi del pasado agravio
lo estuviera: ah vil hermana!
Fab. Que os suplique me ha mandado
cierta Dama, que en su casa
para haceros un encargo
os dejeis ver entre hoy
y mañana. *Fres.* Y que despacho?
¿Es cosa de matar á alguien?
Fab. Algo es de eso; y porque estando
convaleciente es razon
cuidar de vuestro regalo,
que admitais os ruego, estos
cien escudos. *dale un bolsillo.*
Fres. Topo, y hago,
y lo estimo, por que estoy
hecho á matar mas barato:
mas decid:- *Fab.* En esta esquina
hablarémos mas despacio

retirados del concurso;
aunque es cansaros en vano
querer que os diga quien es
ni uno ni otro, porque á tanto
no me atrevo sin su órden.
Fres. Lindamente: pero á espacio
zelos, que aquella es Catuja,
y viene sino me engaño,
con ella Don Juan Tenorio.
Fab. ¿Que os detiene?
Fres. Haber mirado,
que en este portal, mejor
podrémos hablar. *Fab.* Pues Vamos.
Fres. Desde aquí averiguaré
sus traiciones, ocultando
el rostro, hasta que despues
la hagamos cantar de plano. *vase.*
*Escóndese Fresneda, y Fabio á la izquierda y salen por la derecha Don Juan
Tenorio, y la Pispireta, con manto.*
D. Juan. Señora Doña Catania
(pues con tan buenos apaños
de Damería, ya el tu
es tratamiento ordinario)
donde bueno? *Pis.* Como es hoy
el dia que estreno el manto,
y ya mas convalecido
del Doctor y Cirujano,
anda Don Luis, por el mundo,
voy á lucir á su lado
con Cernícalo de Seda.
D. Juan. Haces muy bien.
Fres. Por Dios santo,
que para convalecer
no es mal julepe este trago!
D. Juan. Cómo de música vá?
Pis. Ni un solo tono he cantado
desde la noche del Victor,
y cierto que estoy rabiando
por echar de la Gloriosa.
D. Juan. Pues en fee de que hoy, temprano
me recojeré; si quieres
dejarte ver en mi cuarto
para cantar, mientras ceno
dos tonillos de porrazo,
te lo estimaré. *Pis.* Ya sabe Usia,
que en mis aplasos
el mayor es el servirle.
Fres. Por Dios, que esto vea de espacio.

De Piedra.

Fab. Donde vais? *tercia la Capa*
Fres. Ya lo veréis (*Fresneda.*
bien á prisa. *Pis.* Estoy ya al cabo.
Hablando aparte con Don Juan.
D. Juan. Pues para que en mejor sitio
esperes (si es que yo tardo)
esta es del Jardin la llave
con que creo que has entrado
otras vezes, tómala, *dale una llave.*
y de su licencia usando,
espera en la Galeria.
paño Fres. Ni una sola voz alcanzo
á oir, mas qué me detengo
si esto ha de acabar á palos?
Pis. Está bien: pero Fresneda:-
hay infeliz! *oculta la llave.*
D. Juan. ¿Qué te ha dado
que asi tiemblas? *paño Fres.* Que sería
lo que con tanto recato
ocultó de mi?
Pis. No doy por mis narizes dos quartos
paño Fres. Déjame á mi llegar solo.
paño Fab. Por si os puedo servir de algo
á la vista quedo. *Pis.* Ahi va eso.
Sale Fres. Hidalgo?
D. Juan. Pico mas alto. *Fres.* Rey mio?
D. Juan. No tan arriba.
Fres. Caballero?
D. Juan. Asi me llamo.
Fres. Esa Dama es cosa mia.
D. Juan. Séalo muchos años.
Fres. No me ha parecido bien,
que esté con vos mano á mano
en conversacion tirada;
y mas cuando ella ha tomado
no sé qué, que de mi oculta;
y para que vamos claros
en el cuento, sépase
que es lo que ha habido en el caso,
y daré la penitencia
conforme fuere el pecado.
paño Fabio. Con Don Juan Tenorio habia?
si supiera que á su brazo
se fia su muerte? *Pis.* Aqui hay
una de todos los diablos.
D. Juan. En mi vida he respondido
á quien trae ese aparato
de crudeza, con mas lengua,
que la de un Carabinazo:

mas por que sin esas armas
venga, Usted, pues es tan guapo,
reciba el deseo, y tome
á cuenta estos cintarazos.
Fres. Ahora se verá ese pleito.
Riñen, y sale Fabio, que se pone al lado de Fresneda.
Fab. ¿Qué es lo que miro? á tu lado
estoy Don Luis: muera.
Pis. Que haya
de haber luego chincharrazos
en cualquier parte que llgo? *vase.*
Fres. Apartaos, que yo basteo.
D. Juan. Traydor, tu tambien me tiras?
Fab. Soy leal, y fui criado
del Comendador Ulloa.
D. Juan. Todos soys poco, Villanos,
la Espada perdí. *vase.*
Fres. Yo en esas filigranas
no reparo. *vase.*
Sale Don Juan por otro bastidor.
D. Juan. Pues de San Francisco, estoy
á la Puerta, su sagrado
guarde mi vida. *vase.*
Salen Fabio y Fresneda.
Fab. Antes que
sea la Iglesia su amparo
matémosle. *Fres.* Aun dentro de ella
le he de hacer dos mil pedazos. *vans.*
Sale Pis. Buena anda la gresca, pero
en todo caso no es malo
llevar la llave conmigo. *vas.*
Descúbrese la Capilla y en ella el Sepulcro magnifico de Jaspe blanco, y sobre el D. Gonzalo como estatua con manto Capitular, Espada, y Sombrero todo blanco, y salen Camacho, y Beatriz, por la izquierda.
Cam. No salgas, pues he escuchado
ruido de pendencia.
D. Beat. Un hombre se entra hasta aquí;
retirando de otros dos.
Cam. Y es mi señor.
Sale Don Juan sin Sombrero, y Fabio deteniendo á Fresneda: por la derecha.
D. Juan. Con un hombre desarmado,
aleves, tanto rencor?
D. Beat. Don Juan, mi bien,
pues tú cuando:-

Fab. Qué intentais?
Fres. Darle la muerte.
Fab. Ved, que estamos en el claustro
de San Francisco.
D. Beat. Ay de mi,
que es Don Luis!
D. Juan. Dame, Camacho, esa Espada.
*Salen cada uno por su lado Don Diego
Tenorio y Filiberto.*
Fil. Don Juan? *D. Die.* Hijo?
Los 2. Qué es esto?
Fres. Cielo indignado,
no es mi hermana aquella? Sí,
que mal pudo á mi reparo
cegár mi enojo? *Fab.* Que hacemos
aqui, habiendo ya llegado
su Padre? *Fres.* Don Juan, mi bien
no dijo? O si al escucharlo
muriese yo!
Fil. y D. Die. Que es aquesto,
otra vez digo? *Fres.* Haber dado,
á quien sin razon me agravia,
una vida de barato:
¡Suerte, pues vivo ofendido
déjame quedar vengado! *vase y Fab.*
D. Juan. Ahora me huís, cuando tengo
arma para castigaros?
Fil. Eso haré yo, que aunque no
sé la causa, que habeis dado;
quien es mi Enemigo, no
ha de tener mas contrarios.
D. Beat. Aguardad, que si es primero
en un corazon hidalgo
amparar á las mugeres;
á vuestra piedad encargo
mi vida; pues en salir
con vos de aqui, la afianzo
solamente. *Fil.* Pues guiad,
que en dos tan precisos actos
del valor, cuando á este elijo,
no es culpa ver á aquel falto.
D. Beat. En otro trage esta noche *ap.*
buscaré á Don Juan. *Fil.* Quietaos
que conmigo vais, bien cumple
Don Diego lo que ha jurado.
vase con Beatriz.
D. Die. En fin, esta es la obediencia
que debes tener por ley
á tu Padre, y á tu Rey?
Traydor!-
D. Juan. Para mi paciencia
es bueno esto. *D. Die.* Teme, que
Dios te castigue algun dia.
D. Juan. Cuando aquella piedra fria
me lo diga lo creeré.
D. Die. Pues no á mentir enseñado
su dueño está, que en rigor
copia es el Comendador.
D. Juan. No lo habia reparado.
D. Juan. Asi tu atencion cumplió
lo que en tu Prision, por ti,
yo á Filiberto ofrecí?
D. Juan. A bien, que no he sido yo.
D. Die. Conmigo vén.
D. Juan. Bueno fuera,
que dijese mi Enemigo,
que de temor voy contigo?
D. Die. Pues qué hacer tu sañia espera,
loco? *D. Juan.* Irme solo, y asi
aunque de oirme te espantes,
una de dos, ó irte antes,
ó no salir yo de aqui.
D. Die. Ay hombre mas infelize!
D. Juan. Esto ha de ser vete ya.
Cam. Lo peor es que lo hará
de la suerte que lo dice.
D. Die. Peor es irritarle: á Dios.
Cam. Hay hombre mas importuno!
D. Juan. Luego Voy.
D. Die. Cielos, en uno,
tened lástima de dos. *vase.*
Cam. Y á que ha sido esta quedada
tan sin Juicio, y sin razon?
D. Juan. A ver este fantasmon,
con su Manto, y con su Espada.
Cam. No está bueno el aparato!
llegan al Sepulcro.
del sepulcro singular?
D. Juan. Buen sufragio es hermosear
la Ruina con el boato.
Cam. Con que ceño tan profundo
nos mira su sobrecejo!
miedo le tengo.
D. Juan. Buen Viejo, *Le toca la barba,*
como os va en el otro mundo?
dirás que bien; claro está;
pero si en el Purgatorio
estás, á Don Juan Tenorio

De Piedra. 23

no le esperes por allá,
y pues quien es tu contrario
ningun alivio te ofrece,
no hayas miedo que te reze
ni una parte de rosario.
Cam. No está propio?
D. Juan. Si, y lo malo
es, cuando entre aplausos medra,
que tenga espada de piedra
el que la trujo de palo.
Cam. Que asi le hables?
D. Juan. No he de hablar
si quiero su Amigo ser?
y para darlo á entender;
si esta noche ir á cenar
conmigo quieres, por mi
hecho está.
Cam. El Juicio perdió.
D. Juan. Pues te he convidado yo,
irás, Don Gonzalo? *D. Gon.* Sí.
Cam. Ay que habló!
D. Juan. Tu miedo advierta,
que esa ilucion ha fraguado.
Cam. No ves como se ha quedado
con tanta bocaza abierta?
Vamos de aqui antes que embista,
segunda vez, el Temblor.
D. Juan. Bien dices: Comendador
lo dicho, y hasta la vista. *vanse.*

Abrense la Capilla, y sale Fresneda deteniendo á la Pispireta que viene con mantilla, y guitarra bajo del brazo.

Fres. Traidora, espera, *calle.*
Pis. Don Luis,
si has creido:— *Fres.* Cómo, aleve,
quieres que no crean mis zelos
que pues engañas ofendes?
Y pues habiéndote visto
hoy, con Don Juan; de esta suerte
junto á su Jardin te hallo
(porque mi rezelo aumente)
qué puedes decirme, ingrata?
Pis. Que soy de las mugeres,
aunque con mantilla blanca,
que á uno alagan, y á otro ofenden
y por que lo creas, sabe,
que el que á estas horas me encuentre
junto á su Jardin no es culpa.
Fres. Cómo?

Pis. Como Don Juan, suele
gustar de oir cuatro tonos
mientras cena; por que quiere
el diablo, que entre otras gracias
cante yo bonitamente.
Salió de la Carcel hoy,
encontró conmigo, habléle,
ofrecíle venir, dióme
esta llave, para que entre
al Jardin; y sobre todo
me dá ciertos doblonetes
con que se abastece el garbo
de cintajos, y alfileres;
y pues por ti (vamos cláros)
no pasa un Alma (ya entiendes)
y honradamente se busca
con que trastejar los dientes;
que negocio? *Fres.* Espera, espera:
(ó si la suerte quisiese
abrir camino á mis iras!)
la llave del Jardin tienes
en tu poder? *Pis.* Vesla equi,
por mas señas. *Fres.* Pues ya puedes,
si procuras desmentirme
catania satisfacerme. *Pis.* Cómo?
Fres. Entrando yo contigo;
pues en sus frondosas redes
oculto, podré yo ver,
si dices verdad, ó mientes.
Pis. Si le replico ha de haber
solfeadura de mofletes: *ap.*
por que veas, que por mi
no hay ningun inconveniente,
ven; mas mira, que desde una
reja baja, que guarnecen
unos jazmines, á hurto
has de acechar solamente.
Fres. Como tu quisieres sea;
ea honor, ya de la suerte. *ap.*
Menos ayrado está el ceño.
Pis. No hagas ruido, por que hay gente.
Fres. Vil hermana, mientras logro *ap.*
tu ruina á mi ira consuele
estar cerca de tu estrago.
Pis. Ven. *vanse.*

Entranse abriendo una puerta, y por el otro lado salen Camacho, y dos Criados.

Cam. En que estado, mis Reyes, *Jardin.*

El Convidado,

la Cena está?
Cria. 1.º Prevenida,
por que no quiero, que encuentre
con que tropezar mi Amo.
Cria. 2.º La mesa, y el Taburete;
al paso del ayre, que
por esta Ventana viene,
pongamos.   *Cam.* ¿Digo, el vino
es de órganos, ó de nieve?
Cria. 1.º De nieve, y Luzena.
Cam. Lindo,
¿Y qué ensaladilla?
Cria. 2.º Verde.
Cam. No entrará ella en mi barriga:
¿Y despues de lo caliente,
pregunto, hay algo Fiambre?
Cria. 1.º Sus chistes.
Cam. Dios le consuele:
¿Y en suma qué postres hay?
Los. 2. El Demonio que le lleve.
Cam. Quedo con eso.   *Sale Don Juan.*
D. Juan. A estas horas
ha de estar mi cuarto siempre
de par, en par?
Cria. 1.º Como dijo,
Camacho, que no se cierre,
por que ya venia Usia.
D. Juan. Si otra vez os acontece,
con ahorcaros de una reja
haré yo que se remedie.
Cam. Sopla.
Pispireta y Fresneda á la reja.
Pis. Desde aqui, seguro
podrás ver lo que sucede.
Fres. Ya he venido.
D. Juan. Ola?   *Cria.* Señor?
D. Juan. Aquesta puerta de enfrente
cerrad é idme desnudando.
Pis. Pues ya es hora de que entre,
cuidado.
paño Fres. Aqui aguardo: el pecho
se enciende en iras al verle.
Cam. Mientras se desnuda, veamos
á que sabe este Zoquete.
Quitase Fresneda de la reja; y desnudando á Don Juan, sale la Pispireta.
Pis. Dios sea loado.   *Cam.* ¡Oygan,
que tiene en la Casa Duende!
D. Juan. Catania? Por Dios que cumples,

como honrrada, lo que ofreces.
Pis. Y digalo la Guitarra,
que por lo que sucediere
viene de remolque.
Sale Fresneda á la reja.
Hasta,
que solo en su cuarto quede,
iras, paciencia!   *Cam.* Muger
por donde entraste?   *Pis.* Bonete,
no ves que soy contrabando,
y entro por alto?   *Cam.* Claveme.
D. Juan. La Cena, y otro cubierto.
Pis. Si ese es para que yo Cene,
ya es despues. *D. Juan.* Y que ha caído?
Pis. Un estofado de Liebre,
con sus tomates al canto.
D. Juan. Pues canta.
Cam. Como no temple.
Pis. Por que Usia se divierta
irá algun tonillo alegre.
D. Juan. ¡Ay Doña Ana, que no puedo
ni olvidarte ni quererte!
Sientase á un lado y canta á la Guitarra, y sacan algunos platos á la mesa.
Can. Pis. Mas que te lleve Gilete Cupido,
que es diablo que sabe
aguzar los desdenes,
mas que te lleve,
y que en su infierno
apacible padezcas
el mal de los zelos,
el tormento de ausente,
mas que te lleve,
Gileta cupido, mas que te lleve;
mas que te lleve.   *llaman dentro.*
D. Juan. Llamaron?
Cam. Si.   *Música.*
D. Juan. Mira tú   á un criado 1.º
quien es, sin que este accidente
estorbe el que tú prosigas.   (*á Pis.*
vase Criado 1.º
Fres. á la reja. Quien será tirana suerte,
quien á estas horas le busca?
D. Juan. Vaya que es lindo juguete.
Can. Pis. Mas que te lleve, Gileta, Cupido
que es cosa terrible
el matar por quererte,
mas que te lleve,
y en pago del fuego

con ardores, y burlas,
su fuego te abrase,
su incendio te queme:
mas que te lleve. *llaman otra vez.*
Sale Criado 1.°
Cria. 1.° Señor? *D. Juan.* Qué traes?
Cria. 1.° Al abrir
la puerta (sin que dijese
quien era) un hombre se entró
en el cuarto, detenerle
quise; pero él, sin decir
ni aun éntrome acá que llueve,
con unos pasos de entrada
de pabana, se nos mete
de onga hasta aqui.
D. Juan. Mentecato,
no dirás qué señas tiene?
Cria. 1.° Como todo esto está á obscuras,
no le conocí.
D. Juan. Pues puede
ser mi Padre, retirada
á ese cercano retrete,
no cantes, hasta que avise.
Pis. Soy contenta: si supiere,
que está á la vista Fresneda.
Cam. Quien será?
paño. Fres. Por que no llegue
hácia aqui, pues de la mesa
se levanta, es bien me aleje
de este sitio. *quítase de la reja.*
D. Juan. Quien á esta hora
tan á hurto á entrar se atreve
en mi Casa sin mirar
que cuando:-Cielos, valedme!
Llega D. Juan á la derecha, y sale Don Gonzalo como estaba en el sepulcro, y poco á poco va llegando á la mesa, y se sienta donde estaba Don Juan.
Cam. Ira de Dios, que es el muerto,
cuando menos!
D. Juan. Solo al verle
el cabello se espeluza!
Cria. 1.° La Fantasma, se parece
de Don Gonzalo, á la Estatua.
D. Juan. Pero yo temo, aunque fuese
todo el Infierno? *Cam.* A la mesa
va pián, pián; mas que quiere
cenar un par de responsos.
Cria. 1.° Qué asombro!

Cam. Dios me remedie.
D. Juan. De qué es el pabor, cobardes?
de que Don Gonzalo entre
en mi casa, en fee de que
yo le rogué que viniese *Música*
á cenar conmigo? Pues
si no es mas que esto, y se debe
aplaudir el que ella gane
el honor de tanto huesped,
vamos cenando, y llegad
esos platos.
Siéntase en la Silla que estuvo la Pispireta, y llegan á Don Gonzalo algunos platos, y á cada uno hace seña con la cabeza, que no.
Cam. Que los llegue el, y su alma.
D. Juan. Aunque has venido
tarde, á aceptar el Banquete;
que cenar hay, vé comiendo.
Cam. Dice que le duele un diente,
y está el pan duro.
Hace señas con la Cabeza, que no.
D. Juan. Eso no es
venir á favorecerme:
mas querrá beber: la copa.
Cria. 1.° Temblando llego!
Llega la Copa, tómala Don Juan, se la quiere dar, y él no la recibe.
D. Juan. No tiembles,
que el Comendador es ya
mi Amigo: cómo no bebes?
Cam. Le habrá mandado el Doctor,
que se arregle.
D. Juan. Aunque te niegues
á ambos cortejos, á otro
no podrás: Ola?
Cria. 2.° Que quieres?
D. Juan. Decid que canten, y para
que mi amistad manifieste
cuanto tu venida estimo
á tu salud. *bebe Don Juan.*
Cam. Estan verdes.
Canta Pispireta, bebe Don Juan, arroja el vaso, y hace Don Gonzalo seña á los Criados que se vayan.
Can. Pis. Ojos eran fugitivos
de un pardo escollo dos fuentes,
humedeciendo pestañas
de Jazmines y Claveles.

4

Cam. No dirá que el Convidado
es hablador.
 hace señas que se vayan.
D. Juan. Que despejen?
Cam. Que sí dice por la mano.
D. Juan. Idos, y por que no piense,
que rehuso quedarme á solas,
cerraré la puerta.   *Cam.* Adviertes:-
D. Juan. Véte, Bribon.
Cam. y Cria. Que nos place.
 Vanse por la derecha.
D. Juan. Ya estás solo, qué se ofrece
Comendador?
Gon. Bien, Don Juan,
conocerás cuanto debes
á mi amistad; pues por ella
Dios licencia me concede
de venir á visitarte,
solo á fin de que aconseje
á tu ceguedad, que tantos
pasados yerros enmiende.
Breve es la vida del hombre,
cierto su fin, y evidente
el Juicio divino; pues quién
tales culpas comete
sabiendo de fee, que hay
cierto fin y vida breve?
Tus delitos:-
D. Juan. No adelante
pases, y si el detenerte
es á fin de predicarme,
ó deja el Sermon, ó vete,
que para esos desengaños
es tarde, y:-
D. Gon. No te destemples,
que quien del consejo huye
es razon que se le niegue:
mas para que se afiance
nuestra amistad, has de hacerme
un gusto.
D. Juan. Dí lo que mandas?
D. Gon. Que para pagarme en breve
la visita, has de ir, Don Juan,
la noche que tu quisieres,
á cenar tambien conmigo.   (te
D. Juan. Si haré, y de ir muy presto á ver-
palabra doy.   *D. Gon.* Pues ahora,
para que de aqui me ausente
la puerta abre, y mira si hay
gente al paso.   *D. Juan.* Lindamente:
quién, sino yo despreciara
tanto asombro.
Toma una bujia, y abre la puerta derecha, y por la izquierda va asomando Fresneda con una pistola, y detras la Pispireta.
Pis. Qué pretendes
entrando en el cuarto?   *Fres.* Calla,
y por lo que sucediere
 Escotillon prevenido.
preven la llave.   *D. Gon.* Que harán
hombre infeliz tus deleites,
si para tu desengaño,
las piedras se desvanecen.   *se hunde.*
Vuelve Don Juan, y se suspende, y sale Doña Beatriz por la puerta, que abrió en traje de hombre y Camacho.
D. Juan. Ya está abierta, y nadie al paso
hay que pueda:-pero tente
susto, que del sitio en que
le dejé se desaparece:
nunca vi muerte mas viva!
nunca vi piedra mas levé;
¿Don Gonzalo?
paño Cam. Cómo, dí,
á entrar asi te resuelves
teniendo por convidado
á muerto?
al paño D. Beat. Bueno es que pienses,
que me persuada un delirio
á no entrar; y pues en este
trage, y á estas horas vengo
á ver si mi amor le vence;
vuelvete.   *Cam.* Santa palabra.   *va.*
D. Juan. Apenas, para moverme,
me ha dejado arbitrio el susto.
Fres. Solo está, pues qué hay que espere.
D. Beat. Alli le veo, llego.
Pis. Don Luis, mira que te pierdes.
Fres. Primero es mi honra.
D. Beat. Mi hermano
no es aquél, que se previene
de una pistola? Pues que hago
(aunque mil vidas arriesgue)
qué no le aviso!   *Fres.* A mi enojo
volcanes el aire fleche.
 Va llegando á la mesa.
D. Beat. Don Juan, que te matan.

D. Juan. Quién
hay que osado:=
Dispara, cae la luz, y quedan todos confusos.
Fres. Traidor, muere.
D. Juan. Ay infelice de mí!
D. Beat. Qué es esto que me sucede?
den. D. Die. En el cuarto de mi hijo
se oyó el ruido.   *derecha.*
Pis. Gente viene,
qué hacemos aqui?   Fres. Ya nada;
pues su queja me previene
que logré su muerte.   *vans.*
D. Juan. Hasta
que haya luz, callar conviene.
D. Beat. Entre mi hermano, y mi amante
es con iguales vaivenes,
toda tragedias mi vida.
Sale Don Diego por un lado con hachas, y por otro Camacho, y Criados.
D. Die. Hijo, qué es esto?
Cria. 1.º Que tienes, Señor?
Cam. Mas que el muerto le ha
dado algun par de cachetes.
D. Juan. No sé (hay infeliz de mí!)
pero ya lo sé, pues entre
esa traidora, y yo, hallas
la herida, y el delinqüente.
D. Die. Traidora dijo? Ay mas dudas?
D. Juan. Y pues al ver que pretende
darme muerte, es justo que
yo me adelante, y me vengue:
á mis iras:= D. Die. Qué haces, loco?
si siendo muger, no adviertes,
que á ti te ajas?   D. Beat. Y muger,
Señor, què es bien que desee,
que él viva; pues dueño injusto
de su honor:=mas cese, cese
llanto que no le persuade,
lástima que no le mueve:
y por que veais cuanto engaña
la opinion del que aborrece;
no solo soy de su riesgo
motivo,
sino me debe
el que entando aqui, y mirando
(quisolo amor) que se vierte
contra él el negro veneno
de alguna cabada sierpe,
le rescatase la vida
con mi aviso, y:=-
D. Juan. Mientes, mientes:
mas quién (ya que tu no fuiste)
fué, el que quiso osadamente
matarme?   D. Beat. Eso no diré
sino á quien está presente;
que es vuestro Padre. D. Juan. Por que?
D. Beat. Porque es bien queme interese
en callarlo, y en decirlo.
D. Die. Venid, mientras amanece,
á mi cuarto, y tú en el tuyo
recójete. Cria. 1.º Oyes, pobrete,
que se hizo la Pispireta?
Cam. Como vió cascar las nueces
se iría.   D. Die. O, si con tu aviso
de tantas dudas saliese!   *vase.*
Cria. 2.º Pero el muerto?
Cam. Fuese á oir
alguna misa de requiem.   *vase.*
Cria. 2.º Esta Casa está en pecado. *vans.*
D. Beat. Queda á Dios D. Juan, y teme,
que pues siempre hay quien te
amague,
no haya quien te avise siempre,
y teme, en fin, que por mas,
que tirano me desprecies,
no hay deuda, que no se pague,
ni plazo que no se llegue.   *vase.*
D. Juan. Que quiere el Cielo de mí,
que por si mi error convence
yertas fantasmas abulta,
vanas ilusiones teje?
Que me enmiende? Sí, pues
aunque
con tantos golpes despierte
el descuido de mi vida,
no haya miedo que me enmiende.

JORNADA TERCERA.

Sale Don Juan Tenorio, Camacho, y D. Diego Tenorio tras ellos.

D. Die. Dónde vas, hijo?
D. Juan. A pasearme,
que no es razon, que metido
entre mis propias paredes
esté hasta el dia del Juicio.
Cam. Ayer volvió á casa, y ya   *ap.*

le parece que es un siglo.
D. *Die.* ¿Sin duda te has olvidado,
de que de tu desafio
es mañana el dia? *D. Juan.* Cierto,
que te agradezco el aviso.
D. *Die.* Sabes, que depende de él
tu honor?
D. *Juan.* Sé, que muy altivo
Filiberto, enmendár quiere
su ofensa con mi castigo:
sé, que el rey, de sus instancias
obligado, ó persuadido,
para nuestro duelo (en fé
de desear yo lo mismo)
nombró el dia de mañana;
siendo el señalado sitio,
de la caridad el Campo
á las orillas del Rio,
junto á la Torre del Oro,
por que el undoso bullicio
de Guadalquivir, traslade,
en su espacio cristalino,
la pompa de las arenas,
al espejo de sus vidrios:
Sé, que (como al fin retado)
las armas, que yo he elegido,
son espadas y rodelas;
por que quise, que partidos
al primor entre dos tiempos,
ya del quite, y ya del tiro,
luzca la naturaleza
al lado del artificio.
Sé que en la campaña, es,
de mi contrario, Padrino,
Don Pedro Ponce de Leon,
Señor de Marchena; el mio,
Don Gonzalo Tiron, Conde de
Ureña para que unidos
el esplendor de los héroes
tan gloriosamente invictos,
á cada uno le alcancen
las honras de su enemigo.
Sé, que el Rey mismo pretende
(en fé de nuestros servicios)
ser Juez del campo; y en fin,
sé (para no ser prolijo)
que si acaso el Italiano,
de mi enojo vengativo
se libra en las tres venidas
que de armas blancas elijo;
abrazándome con él,
(bien como Hércules hizo
con Anteo,) ha de ir tan alto,
que midiendo el aire á giros,
por el camino del Cielo
se despeñe hasta el Abismo.
Cam. Gran peste si se acabara
en lo de por vida del xixo.
D. *Die.* Pues si eso sabes, por qué,
sabiendo que hay quien previno
á noche en una pistola
encender tu precipicio;
tan descuidado te burlas
del riesgo, dando motivo
á que saliendo de casa,
logre lo que no ha podido
lograr hasta ahora? *D. Juan.* Si eso
es, Señor, lo que te dijo
Beatriz, por disimular
que ella sola fué quien vino
á matarme; sabe que
ha mentido. *D. Die.* No ha mentido;
y porque á campaña salgas
sin ese cuidado, hijo,
sabe, que ya disuadida
de ser tu Esposa, ha pedido,
que á mis expensas acabe,
ó su vida, ó su martirio,
en el tranquilo sosiego
de una Celda, que retiro
de su desengaño, apoye
los esfuerzos de su olvido.
Esto te he dicho, Don Juan,
por que trates advertido
de hacer paces con el Cielo,
cuyos enojos divinos,
castigan severos, aunque
disimulen compasivos,
y pues para sujetarse,
no hay medio, ni hallo camino,
á Dios te queda, y el quiera
en tu genio, ó tu peligro,
ó embarazar tu despeño,
ó alumbrar tu desvarío. *vase.*
D. *Juan.* ¿Que en los viejos, nunca haya
de ser olvidado oficio
andar estudiando arengas,
y vertiendo consejitos?

¡vive Dios, que es fiera cosa!
Cam. ¿Y ahora que mi amo ha salido,
  que intentas hacer?
D. Juan. ¿No sabes
  cuán postrado, cuán rendido
  amo á Doña Ana de Ulloa?
Cam. Lo sé porque tu lo has dicho.
D. Juan. ¿Pues como dudas que cuando
  cerca del duelo me miro
  (no sabiendo si los Diablos
  querrán que yo quede vivo)
  solicite con violencia
  (sino bastare el cariño)
  ser dueño de sus favores?
  A cuyo fin he traido
  esta llave, que otro tiempo
  abrió á mi afecto el cariño,
  para entrar por sus Jardines,
  donde el volcan encendido
  de amor la queme la honra
  á los soplos del capricho?
  Esto, en suma, es lo que intento.
Cam. ¿Pues, Señor Don Juan Tarquino,
  despues de haber dado muerte
  á su Padre, no es delirio
  querer quitarle el honor?
D. Juan. Jamas, Camacho, he entendido
  en mas que en hacer mi gusto,
  y puesto que ir determino
  solo, y á la vista estoy
  de la esfera por quien vivo,
  bien te puedes ir. *Cam.* Me place,
  porque si el muerto novicio
  estila hacer visiticas
  á su contrario, mas fijo
  es que á su hija se las haga,
  y sentiré, vive Christo,
  volverme á encontrar con él.
D. Juan. A Dios. *vase.*
Cam. El vaya contigo:
  para visperas de duelo,
  con buen Padre Capuchino
  se va á confesar! *vase.*
Salon corto, y salen Doña Ana, Lesbia, y Fabio.
D. Ana. A dónde D. Luis está? *2 sillas.*
Fab. Prevenido,
  en esta primera sala
  quedó esperando tu aviso.

D. Ana. Díle que entre, que no veo
  la hora de que el vengativo
  rencor de mi pena abra
  á mi venganza camino.
  Vase Fabio por la derecha.
Les. ¡Lindo!
  ¿Visitica hay en Campaña?
  ¿Van dos cuartos que adivino
  lo que es? *D. Ana.* Llega tú unas sillas,
  Lesbia, y véte. *Les.* Buena
  va la danza, Alcalde,
  y da en la albarda el granizo. *vas.*
Al paño Fabio, y Fresneda.
Fab. Entrad, y para que cuantos
  venir juntos nos han visto,
  juntos no nos vean salir;
  que es acertado, imagino,
  esperaos en la esquina.
Fres. Dices bien.
D. Ana. Un etna abrigo
  en el pecho. *Fab.* Allá os espero. *va.*
Fres. Id con Dios.
D. Ana. Pues no ha querido *ap.*
  dar satisfaccion el Rey
  al difunto Padre mio,
  vénguele yo, aunque otro brazo
  haya de ser el ministro. *Sale Fresneda.*
Fres. Yá á vuestras plantas, señora,
  está quien desvanecido
  con discurrir que merece
  la fortuna de serviros,
  á ella se acerca gustoso.
D. Ana. Yo, Señor Don Luis, estimo
  cuanto me favoreceis;
  y porque de espacio aspiro,
  á hablaros, tomad asiento. *se sientan.*
Fres. Noble dolor, que reprimo, *ap.*
  débame, pues aunque á noche
  burló mi saña el destino,
  tiempo de enmendarlo queda.
  Al paño izquierda Don Juan.
D. Juan. No poca dicha he tenido
  en que esté solo este cuarto,
  pues podré: —pero qué miro?
  con Don Luis Fresneda, á solas
  Doña Ana?
D. Ana. Qué mal animo
  las voces! pero qué mucho,
  si todo el aire es suspiros!

paño D. *Juan.* Oigamos recelos.
D. *Ana.* Aunque
parece, que era preciso,
Señor Don Luis, informaros
de la ocasion que he tenido
para confiaros toda
la venganza que os confio;
parece tambien, que á poca
luz se deja entre visos
adivinar mi intencion,
y asi, por no hacer prolijo
mi sentimiento, sabed,
que yo solo solicito
mateis á Don Juan Tenorio,
pues basta ser yá sabido,
que mi generoso Padre
(con que dolor lo repito!)
muerto yace, y su ofensor,
sin susto del homicidio,
jactándose del estrago
aun no recela el castigo:
Don Juan Tenorio (ah tirano!)
fué el alevoso motivo
de su muerte, y mi quebranto,
de su ruina, y mi martirio;
¿Pues para qué es necesario
saber, que contra el irrito
la saña de vuestro acero,
si siendo muger, es fijo,
que en fuerza de lo quejoso,
suponga lo vengativo?
Muchas veces de mis ruegos
el esfuerzo repetido
solicitó con el Rey,
su escarmiento, y nunca he visto
el semblante á la esperanza
de que deshaga un cuchillo
mi queja; pero qué mucho
si su Padre es su valido,
que en públicos desagravios
persuada, mas efectivo,
que la razon de un Comun,
el favor de un individuo:
viendo, pues, cuan poco valen
mis lágrimas, mis gemidos
para mirar satisfecho
á un Padre que está ofendido;
hacerme fo por mí misma
Justicia, es lo que he querido

lograr; para cuyo efecto,
mandé á Fabio (de quien fio
el secreto) que buscase
quien arrestado, y altivo
diese muerte á quien me ha muerto;
y pues la fortuna quiso,
que en vos pensase, quizá,
porque segun imagino
tambien hoy para matarle
no estais falto de motivos;
ved qué resolveis, en fé
de que si del desafio
sale mañana con vida,
habeis de hacer lo que no hizo
su contrario, confiando
del penetrante y bruñido
ceño de un puñal, el logro
que quejosa solicito,
colérica me persuado,
y desesperada animo.
pa. D. *Juan.* Bueno va esto: por cierto,
que la estoy agradecido!
mas antes de salir, veamos
qué responde el asesino.
Fres. Anoche, sin que supiese
(pues Fabio no me lo dijo)
vuestra intencion, creí yo
haceros ese servicio
en profecía; pues sobre
ciertos cuentos que tuvimos
los dos; haciéndome espaldas
una Dama:-
paño D. *Juan.* Bien por Christo.
Fres. Entré á matarle en su quarto,
mas debe (segun le he visto
invisible) de traer
algun Demonio consigo;
pues á quema ropa casi
le erré; mal haya el impío
artífice, que labró
armas, cuyo falso tiro
despues que del pedernal
enciende fuego el rastillo,
fiándole el plomo al viento,
dejan el golpe al destino!
Mas ya que vuestro precepto,
Señora, da otro incentivo
á mi cólera, palabra
doy á los Cielos divinos

De Piedra. 31

(si de la batalla sale
con vida) de que al continuo
azecho de mi cuidado,
y arrojo de mi capricho,
muera Don Juan, porque ambos,
ya que el agravio sentimos,
la satifaccion logremos,
dejando á la edad escrito,
aquí yace quien quitando
tantas honras la ha perdido:
y pues á entrambos nos puede
estar mal, que en este sitio
la familia nos encuentre;
hasta lograr el designio
quedad, Señora, con Dios
segura de que me obligo
á quitaros ese estorvo.
D. Ana. Feliz yo si lo consigo.
Fres. No me costará cuidado,
ni trabajo el conseguirlo,
que no es tan fuerte el Leon:-
D. Juan. Ahora lo verás. *ap.*
D. Ana. Pues idos.
Fres. Yo, de buscar ocasion,
me encargo, en que sin testigos
nos veamos. *Sale D. Juan.* Para qué
si yo ese cuidado es quito?
Fres. Qué veo? *D. Ana.* Cómo, traidor!
tu aqui? Si cuando:-
D. Juan. Aspacito,
que antes que á vos os responda,
pretendo (habiéndolo oido)
dar á ese hidalgo las gracias,
por tan grande beneficio
como me hace, en pretender
ahorrarme de un tabardillo.
D. Ana. Muerta estoy! iras qué es esto?
Fres. Lo que yo de vos he dicho:-
de aquesta manera os libro
á cuchilladas la paga. *riñen.*
D. Ana. Cuando tanto arrojo miro,
ojos, pues fuisteis milagros,
cómo no sois Basiliscos?
D. Juan. Muere, aleve.
Fres. De esta suerte,
vienes á buscar tu mismo
tu ruina. *D. Ju.* Ya lo verémos. *van.*
Riñen, y éntrase retirando á Fresneda.
D. Ana. Qué mal hizo mi descuido

en no recobrar la llave,
pues es quien á tanto abismo
franqueó paso.
dent. Fres. Muerto soy::-
D. Ana. Fabio, Lesbia?
dent. voces. Allí es el ruido.
D. Ana. Ola Criados, no hay quien
escarmiente á un atrevido?
Sale D. Juan. Yo os lo diré en acabando
de cerrar este postigo.
Cierra á la derecha.
D. Ana. Hombre, fiera, asombro,
ó monstruo, que intentas?
D. Juan. Que de tu hechizo
apurando la ponzoña,
mi sed apague el armiño
de tu mano este volcan
que á un tiempo templo, ya vivo.
D. Ana. Qué dices?
D. Juan. Veráslo presto.
Tómale la mano, y luchan los dos.
D. Ana. Suelta, infiel.
D. Juan. Ese desvío
me irrita mas. *D. Ana.* Cómo, mal
Caballero, fementido,
á mi pundonor te atreves?
D. Juan. Como á otros mil me he atrevido
como el tuyo; y sobre todo
pues en vencerte porfio,
para qué son resistencias?
D. Ana. Contra un hecho tan indigno
no hay en el Cielo venganza?
D. Juan. Por mas que airada des gritos,
no te oirá, que está muy léjos.
D. Ana. Que sin fuerzas me resisto!
den. Fab. Pues encerraron por adentro:-
D. Juan. Ya sus voces han oido.
Golpes á la derecha.
den. Fab. Echad la puerta en el suelo.
D. Ana. Mas qué mucho, si remiso
el aliento, á la fatiga
de mi congoja me rindo?
Ay de mi! *se desmaya.*
D. Juan. Ya me espantaba,
que no hubiese parasismo,
paso estudiado, de cuantas
sienten lo que no han sentido;
pero pues alborotada
la familia, en vano aspiro

á conseguir mi deseo;
tomando el mismo camino
que truje, quédese en duda
ser yo el airado principio
de la herida, y el desmayo
de ambos. *vase.*
Salen Filiberto, Fabio, Lesbia, y Criados.
Fab. den. Ya saltó el postillo.
Fil. Entremos á ver quien pudo
alterar de este retiro
la quietud: pero qué veo?
Les. Mi Ama es, la que sin sentido
yace en la tierra: *Fil.* Doña Ana?
Cria. Señora? *Fab.* Quién ha podido,
en el tiempo que de aqui
falto, eslabonar unidos
tantos trágicos acasos?
Fil. Lesbia, en tanto que al herido
acudo yo, averiguando
las dudas en que vacilo,
á vuestra ama, retirad
al lecho. *Les.* Ya en este sitio,
van dos muertes cuando menos.
Fab. Quien tal confusion ha visto?
D. Ana. Cielos, valedme!
Les. Ya vuelve.
Fil. Pideme Albricias, cariño.
Les. Ayuda, Fabio. *Fab.* Ya ayudo.
Vanse llevándola entre todos.
Fil. Quién dijera,
que cuando postrado y fino
adoro á Doña Ana, encuentre,
la vez que á verla he venido,
(por que un favor suyo sea
fris de mi desafio)
en dos cadáveres, dos
presagios, dos vaticinios
de mi infeliz Esperanza?
Mas qué me espanto, si ha sido
toda mi vida portentos,
toda esta Casa prodigios! *vase.*
Selva corta, y salen Camacho, y la Pispireta.
Cam. Buena pesca, dónde vas?
Pis. Majadero donde voy?
donde me llevan los pies
á ver como los demas.
Cam. Si por que el dia del duelo
es hoy, sales á lucir
algun albedrío al vuelo
deja esos vanos anteojos,
pues puedes tener por cierto,
que hoy Don Juan, y Filiberto
son quien se llevan los ojos.
Pis. Usted, Señor Don Camacho,
pues en enfadarme apuesta
con su zumba, á la hora de esta
ya debe de estar borracho:
y si lo está, como siento,
hace mal, entrando en corro,
en no irse á dormir el zorro.
Cam. Dejando á un lado este cuento,
buena antenoche la hiciste,
Picarona. *Pis.* Pues qué ha habido?
Cam. Nada mas, que haber metido
en Casa, quien, como viste,
dar muerte á mi amo intentó.
Pis. Cualquier pícaro insolente
que lo ha imaginado, miente;
porque no soy muger yo,
que asi habia de vender
á quien fió de mí.
Cam. Pues por qué, si no fue asi,
no volviste á parecer?
Pis. Porque oyendo, desde donde
cantando estaba yo sola,
el ruido de la pistola,
y que su Padre responde
al ruido: por donde entré
volví asustada á salir.
Cam. Pues no habemos de reñir
sobre si asi fué, ó no fué;
qué dicen del aparato
con que el Campo se previene?
Pis. Que admirable vista tiene.
Cam. Pues qué dirás de aqui un rato,
cuando el Rio en sus espumas
copie, en los dos Lidiadores,
mil primaveras de flores,
mil océanos de plumas?
Pis. Diré que tanta grandeza,
con la magestad se mide
del que el Campo preside.
Voces. Plaza al Rey.
Otros. Plaza á su Alteza.
Cam. Ya, como el Rey ha llegado,
Salva hacen Caja y Clarin.
Pis. Pues á Dios, que siendo el fin

que el arenal me ha guiado
verlo todo, ya es razon
ir á tomar buen lugar.
Cam. Si harás que al fin es tomar
á Dios, chusca. *Pis.* A Dios, bufon. *v.*
Selva corta: Tocan Cajas, y salen el Rey: Don Diego Tenorio, y acompañamiento.
Voces dentro. Plaza, Plaza.
D. Die. Ya que vuestra Magestad,
á honrar la Palestina viene:
por que en ella se previene
del duelo su dignidad
el Arbitro Soberano;
ocupar el solio es bien.
Rey. Don Diego Tenorio, quien
la Vara tiene en su mano
de la Justicia, es razon,
que use de oliva, y azero
con natural y estrangero,
y bien á mi inclinacion
teneis que deber, si en juicio
que tan confuso se halla,
á vuestro hijo, á una balla
le he conmutado un suplicio;
mas fuerza será, despues,
buscar medio, que mañana
nos desenoje á Doña Ana.
D. Die. A vuestros Invictos pies.
Rey. Alzad, Tenorio, y decid
si está todo prevenido.
D. Die. Asi, Señor, lo he creido
segun desean la lid:
¡ay hijo, ay honro, ay amor!
que en tan arriesgado estrecho,
recelo de tu despecho
lo que fio á tu valor.
Tocan Cajas, y salen el Conde y el Marques cada uno por su parte con Vandas y Plumas.
Mar. Ya, Señor, mi apadrinado
está pronto á la batalla.
Con. Ya, á vuestra Alteza en la balla
esperando está mi ahijado.
Rey. Conde, Marques, ya del dia
no espero infeliz suceso,
pues con tan airoso exceso
de apluso y de bizarría,
en prueba de su nobleza,
á uno apadrina un Giron,
y á otro un Ponze de Leon.
Los. 2. Rayos son de vuestra Alteza,
nuestras luces. *Rey.* Vamos pues;
y prueba á disimular, *ap.*
zeloso ardor, el pesar
de saber que Don Juan es
quien osadamente ciego
(segun he tenido aviso)
ayer en Doña Ana, quiso
apagar fuego con fuego. *vase.*
Tod. Plaza, Plaza. *D. Die.* En cada pie
muevo un monte. *vanse menos Cam.*
Cam. Aquesto, ya
de rota batida va;
pero en que discurro, que
decir á gritos no trato,
su aplauso haciendo notorio,
que viva Don Juan Tenorio. *vase.*
Sale Beatriz de hombre.
D. Beat. Viva mientras yo le mato;
y pues en fee de que ya
ningun peligro me asusta
(pues muerto mi hermano solo
me amenaza la fortuna)
de esta manera me atrevo
á entrar entre las confusas
Tropa que de varia gente
toda la Campaña ocupan.
Veamos en que para, Cielos,
la última accion en que funda,
ó su logro mi esperanza,
ó su venganza mi injuria. *Tocan Caja.*
Ya el Rey ocupó del Solio
la Silla Real, desde cuya
esfera, haciendo una seña,
el Tambor mayor promulga
las Leyes de la Palestra;
ó amor, si como se ajusta
á las del valor, supiese
guardar las de la hermosura.
Ya, al son de la marcha, entrambos
de las tiendas desocupan *Tocan Caja.*
la portatil Babilonia,
y ya, abreviando á la lucha
al tiempo, los dos Padrinos,
el Sol partiendo, que alumbra,
los arneses les entregan,
los puestos les aseguran.

5

Tocan alarma.
Ya, en fin, alarma les toca
la belicosa dulzura
de Caja y Clarin, á cuyo
compas, con que ardor se buscan!
con que enojo se acometen!
con que destreza se burlan!
pero si hoy, con su tragedia,
acabar puede mi angustia
en qué pienso? Plegue a Dios.
Voces. Aleve, que de una punta
en tu corazon acierte
la venenosa cicuta,
por que del campo no salgas
con vida, que por ser tuya
es tan traidora; y si sales,
plegue á la Justicia Suma
del Cielo, que contra ti,
en amotinada furia,
las piedras se vuelvan, siendo
en mi desenojo, alguna,
quien tus altiveces postre,
quien tus alientos destruya!
Mas ay, que en vano lo espero,
pues ya el Rey, que el Campo juzga,
la vara dorada arroja,
á fin de que los desunan
los Padrinos: que ya, el duelo
fenecido, lo ejecutan!
Den. voc. Quita, quita, aparta, aparta.
D. Beat. Pero qué novedad turba
el silencio, que hasta ahora
aun estuvo el Alma muda?
Mas pues para averiguarlo,
hácia este sitio, en confusa
desmandadas tropas, todo
el concurso se apresura;
presto lo sabré.
Salen Don Juan y Filiberto con Espadas y Rodelas, y tras ellos el Conde, el Marques Don Diego, y detras el Rey, y Soldados.
Rey. Prendedle.   *Con. y Mar.* Señor:-
D. Die. y Fil. Señor:- *Rey.* Nadie arguya
mi resolucion.   *Fil.* Lo que es
intercesion, no es disputa,
y considere tu Alteza,
que en mi desaire resulta
su intento, que no es bien digan,
los que todo lo murmuran,
que acabando de lidiar
conmigo, se le conmuta
un tela en que bataile,
á una prision en que sufra.
Con. De mas de que cuando hombres,
Señor que son vuestra hechura,
el Campo, hacen bueno:- *Rey.* Basta.
D. Die. Mal su ceño disimula   *ap.*
el Rey.   *Cam.* Cual anda la gresca.
Rey. Y nadie (sino procura
enojarme) me replique.
D. Juan. Saña, cómo, si esto escuchas,
con el aliento no quemas,
y con la vista no ahumas?
Rey. Filiberto, quien en fee
de vér cuan airoso busca
vuestro brio el desempeño,
dispuso que se concluya
sin perjuicio de otra queja,
lo puede hacer, pues no hay duda
que el que á la Justicia falta,
en vano el garbo consulta;
desde un Torre, á su Casa,
mi potestad absoluta
os dió órden de que paseis
á Don Juan, y hoy cuerdo usa
del poder tan al reves
mi Cetro que le procura
pasar del Campo á la Torre,
porque satisfecha una
queja en vos, satisfaga
en otra queja, una culpa:
otra dije? Mal he dicho;
pues sobre las que acumulan
á su error; á noche, dando
muerte á quien la fama usurpa,
tan vil hazaña intentó
que:- pero cómo articula
mi voz palabras que ofenden
al labio que las pronuncia?
Doña Ana de Ulloa es quien
le prede, no yo, y quien juzga
(viendo que desde la balla
á la prision le reduzca)
que es sobrado ceño, advierta
(por que lo cotrario arguya)
que de quien cumplir no sabe
con lo que su Padre jura,

si de vista le perdiese,
mal pudo esperar que cumpla
mi precepto, sin que encargue
su libertad á su fuga:
prendedle pues.
D. Juan. Nadie viendo
que con la Espada desnuda
le espero, habrá tan osado,
que lo intente.   D. Beat. Que locura!
Rey. Que decis?   D. Die. Señor Invicto,
que él, y yo, á vuestras augustas
plantas:—   Rey. No mas: y pues veo
(ya aquí es menga la cordura)
que en fee de que nadie habrá
que os prenda, perdeis la justa
veneracion, que se debe
al eco que la promulga,
yo (pues axioma es vulgar
que en tal caso no hubo nunca
mejor Alcalde que el Rey)
os prendo; veamos, en suma,
si contra mí teneis armas.
D. Juan. Pues quien, gran Señor, lo duda?
Rey. Armas cotra mí?
D. Juan. Suspenda,
vuestra cólera ceñuda,
su ceño, y miéntras me oye
se temple, ó se disminuya:
De Espada y Rodela armado,
de vos me hallo perseguido,
y si una irrito atrevido,
de otra me valgo templado:
al que pretendiera osado
prenderme, con una ofendo,
con otra dé vos pretendo
librarme, pues en mi brazo,
cuando con esta amenazo,
con estotra me defiendo:
A otros amaga, no á vos,
arma que ofensiva es,
y con vos habla despues
la que cabe entre los dos:
detras de ella vive Dios,
mil pedazos me han de hacer,
antes que consigais ver,
que acabando de reñir,
pueda sin armas salir
de donde vine á vencer:
y así:—   Rey. Vivo yo:—

Los. 3. Señor:—
Rey. En vano aplacarme juzga
vuestro ruego.   Con. Aquí, Don Juan,
mientras su colera dura,
la resolucion mas cuerda
es, huir el cuerpo á la furia
de sus ceños.
D. Juan. Cuando un Conde
de Ureña, en accion tan suya
me aconseja, qué duda hay,
que será lo que conduzca
á salir del Campo airoso?
Con. Pues seguidme, antes que ocurra
segundo empeño, que luego
que os deje en parte segura,
volveré á templar su saña.
D. Juan. De ver cuan presto se muda
el amor del Rey, el pecho
en nuevas iras fluctua.   vase.
Fil. Pues Don Juan se va, con él
me halle, en cualquiera aventura
su fortuna, que no es bien
que la voz comun arguya,
que para que le prendiesen
le saqué á Campaña.   vase.
Rey. Industria
desmintamos por ahora
las iras que me perturban
tan indignos sentimientos
de mi Magestad, y supla
el reparo que me avisa
el defecto que le culpa:
Tenorio?   D. Die. Señor?
Rey. Que lleguen
la Carroza.   vase.   Mar. O disimula,
ó á Don Juan no ha echado menos.
D. Die. No ha sido poca ventura
haber tan presto pasado
la cólera en que fluctua:
Vuecelencia:—   Mar. De mi afecto
Voseñoria, discurra,
que haré cuanto esté en mi mano.
D. Die. Hasta cuando (estrella injusta)
han de durar los temidos
rezelos de mi fortuna?   vase.
D. Beat. A Camacho?
Cam. Quién me llama?
D. Beat. Quien hasta aqui ha estado
oculta

á fin solo de saber:—
Cam. Ahora vienes con preguntas,
sabiendo que en estos pasos
no está nadie para zumbas?
D. Beat. Dime siquiera:—
Cam. No puedo,
porque hay mucho si me apuras,
que hacer en cierto convite
que hecha menos la Tertulia:
á Dios. *vase.*
D. Beat. Amor, mucho temo
tantos acasos produzcan
un monstruo, que al alma ofende
con lo que al enojo adula. *vase.*
Fachada de puerta de Convento, y salen Doña Ana, Lesbia, y Fabio.
D. Ana. Casa infeliz: Cadalso lastimoso
de mi fama, mi vida, y mi reposo,
pues á no verte mas mi horror
me susenta
de tí, quédate á ser en tan violenta
borrasca, desleal ira enemiga,
padron de mi dolor, y mi fatiga,
quédate pues:—
Fab. No tanto te apasiones
que á gemidos, envuelto en
razones,
la Calle alteras en tan desusada
hora como esta.
D. Ana. No repara en nada
ya, Fabio, mi pesar, y pues contigo
y Lesbia, huyendo de mi Casa sigo
otro norte, quizá para que sea
la quietud de una Aldea,
sepulcro de mi vida, á cuyo
efecto
te mandé con secreto,
que junto á San Francisco me esperase
un Coche, que el salir asegurase
sin testigos; que mires si ha llegado
es lo que importa.
Fba. Allí aguarda parado,
mi órden para servirte.
Les. A Dios Sevilla,
y mientras vuelvo á reparar
su orilla,
Señor Guadalquivir, por la mañana,
dele usted dos abrazos á Triana.
D. Ana. Pues yá que por la puerta
de S. Francisco paso (proque advierta
cuando de un muerto Padre me despido
que aun parece fineza el
que es descuido,
aunque altere mi queja noche,
y viento,
dejadme desahogar el sentimiento.
Les. Aqui ha de haber segun dice
el semblante,
hipo que ruede, y lagrimon que cante.
D. Ana. Difunto Padre mio
que en el silencio de ese marmol frio,
á las iras voraces
de un impulso traidor, pavesa yaces,
á Dios, á Dios te queda,
y pues con él, mejor region
te hospeda
(si tu virtud reparo)
no me arguyas
no haber vengado las ofensas tuyas
dando la muerte al que dió la
muerte;
mas como de ese fuerte (yerto
brazo la espada, aunque de marmol,
á quien de tí se burla estando muerto
no castiga, no abrasa porque empieces
Truenos, y Relámpagos.
á mostrar que en su ardor:
Jesus mil ves!
mas ya favor el Cielo da á mi pena.
Les. Ay que relampaguza, y luego truena.
Fab. Quien mirando la noche tan
serena, tal novedad pensara!
D. Ana. Confianza,
de que me he de vengar ya
hay esperanza;
pues con acentos roncos á mi anelo
dió, por padre, la respuesta
el Cielo.
Fab. Ved, si el ruido no miente,
que hácia este sitio va llegando gente.
D. Ana. Dolor, que no me mates!
llama el coche. *Fab.* Ya voy.
D. Ana. Que infeliz soy! *vanse.*
Sale Don Juan Tenorio, y Camacho.
D. Juan. Oscura noche!
Cam. Asi lo fuese tanto,
que á Casa te volvieses.
D. Juan. Ni su espanto,

De Piedra. 37

ni tu miedo, vergante,
han de lograr, que no pase
adelante:
mas qué coche es aquel?
Cam. Que no adivinas
que estando ya cayendo los maytides
será alguna Comadre, que va á un parto?
D. Juan. Siempre has de estar de zumba?
Cam. Y no hago harto,
quando con condicion tan esquisita
te sirvo y:-Santa Barbara bendita!
D. Juan. Qué ha sido eso?
Cam. Un relámpago tremendo.
D. Juan. De eso te asustas?
Cam. Pues qué he de hacer, viendo
en lobreguez tan fiera,
que trae su truenecito por contera?
D. Juan. Aplaudir, el que el Cielo,
viendo la oscuridad, que hay en el suelo,
para ir donde mi valor desea
nos da en cada relámpago una tea.
Cam. Yo lo estimara en estas aventuras,
que nos dejara caminar á oscuras;
mas, Señor, dónde, en dia que
uno te amaga, otro desafía,
el Rey te busca, el Conde te recata,
Doña Ana te huye, y Beatriz te mata,
á estas horas caminas?
D. Juan. Necio eres,
pues confundiendo varios pareceres,
mirándome á la puerta del Convento
de S. Francisco, aun dudas lo que intento.
Cam. Supongo, como el Rey te la ha jurado,
que buscarás su claustro por sagrado:
mas ya escampa, y llovian de
camino truenos de dos en dos. *truen.*
D. Juan. Qué desatino!
mas porque de una vez tu duda acabe,
que solo vengo, sabe,
á pesar de relámpagos y truenos,
á cenar con el muerto, cuando menos.
Cam. Con quien?
D. Juan. Con Don Gonzalo, (*malo*
Cam. Pues quédate con Dios, que estoy
D. Juan. Espera, bribon, y pues
una es de las principales
puertas esta, llega, y mira
si está cerrado. *Cam.* Mil diantres
carguen conmigo, si yo

diere un paso hácia delante.
D. Juan. Anda, ó por vida de:-
Cam. Asi
te salve Dios, que repares,
que esto es tentar á Dios, mira
las muchas atrocidades
que has hecho, y que quizá es este
camino de que las pagues:
mira cuantas pesadumbres
cuestas á tu triste padre:
mira que cuando de un duelo
tan airosamente sales, *truen.*
el Cielo á truenos te dice,
pues le ofendes, que le aplaques,
y mira:- *truen.*
D. Juan. Haz lo que te mando,
Camachuelo, y no me enfades
si pretendes:- *llega á la puerta*
Cam. Ya llego: Dios que nos dejaste!
cerrada está á piedra y lodo.
D. Juan. Mientes.
Cam. No asi Dios me salve.
le ase de un brazo, y llegan.
D. Juan. Pues para que irte no logres,
yo lo veré. *Cam.* Que me place.
D. Juan. Cerrado está, bien dijiste.
Cam. Pues cumpliste por tu parte,
volvámonos.
D. Juan. Ya que echamos
á perder nuestro viage;
Comendador, yo he cumplido,
con venir á visitarte;
mas, pues cerrada la puerta
tienes, tu eres quien faltaste
á la palabra.
Abrense las puertas por sí, y truena.
Cam. Ay que abrieron,
y ya desde aqui pasearse
veo mas de treinta muertos,
con birretes, como hace
calor por las noches. *D. Juan.* Ya,
que las puertas se nos abren,
entra tras mí. *Cam.* Si allá dentro
contigo no he de sentarme
á la mesa, á qué he de entrar.
D. Juan. A echar de beber, infame. *truen.*
Cam. No vés como truena?
D. Juan. Asi, para que no te escapes,
habrá de ser. *lo empuja.*

Cam. Consideras: *D. Juan.* Anda.
Cam. Dios, que nos dejaste!
D. Juan. Conmigo vas. *vans.*
Le entra á empellones, siguen los truenos se descubre la Capilla con el Sepulcro, baja del Don Gonzalo, y salen al paño Don Juan y Camacho.
D. Gon. Ya, divina
Justicia, que me fíaste
tan nunca visto castigo:
de su elado puesto sale
la animada piedra mia.
Sale D. Juan. A la escasa luz que esparce
la lámpara, me parece
que fuera del sitio yace,
en que antes de ahora estaba,
la Estatua. *Cam.* Ay está de Calle
el Convidado de piedra.
D. Juan. Ahora bien, yo llego á hablarle:
Don Gonzalo, buenas noches.
D. Gon. Con bien vengas.
D. Juan. En paz te halles.
Cam. Lindos cumplimientos! va
que nos sacan chocolate?
D. Juan. Por que no digas que soy
poco atento en escusarme
á tu Cortejo, contigo
vengo á cenar, aunque tarde,
por que he estado divertido.
D. Gon. Y aun ciego; pues tus maldades
ni el aviso las enmienda,
ni el peligro las disuade.
D. Juan. Por si por acá no habia
quien sirviese los manjares,
traigo ese Criado. *D. Gon.* Acá
no hay providencia que falte:
mas por que el suceso cuente
le permitiré quedarse.
D. Juan. Pues si ha de ser despachemos,
que me va apretando el hambre.
D. Gon. Ola, la mesa. *Sube una mesa enlutada con luces por Escotillon.*
Salen dos pages de negro con mascarillas de esqueletos, cada uno por su Escotillon, con una Silla, que acercan á la mesa, y sientan, Don Juan, y Don Gonzalo, en ellas.
Cam. Ay va eso!
¡hermosas caras de Pages!

D. Gon. Siéntate.
D. Juan. Si hará, que nada se sient;
puede haber que á mí me espante!
no has de cenar tú. *á Cama.*
Cam. Yo ayuno,
pero por lo que tronare
agáchome aquí. *D. Gon.* Vianda.
D. Juan. Quién creerá, que al arrogante
espiritu, que en mí pecho,
iras pulsa, y furias late,
estremecido al asombro,
su antiguo valor desmaye?
Suben un plato con Ceniza y Culebras.
D. Gon. En qué piensas, que no comes?
D. Juan. Qué he de comer, si me traen
solo un plato de Culebras?
D. Gon. En ellas quiero mostrarte
un Símbolo, que te avise
los tormentos infernales.
D. Juan. Es ya tarde para enmiendas.
D. Gon. Para enmiendas nunca es tarde.
D. Juan. Ah Camacho!
Quieres,
que de la mesa te alcance
una presa? *Com.* Por acá, *truen.*
tengo yo hácia cierta parte,
bastante Carnero verde.
D. Juan. Para que pruebes, no obstante,
de los platos del convite,
toma esa pechuga de Ave.
Cam. Verbum caro: culebrita
no me comas, no me agarres,
que no soy del conjuro.
D. Juan. Sabes, Don Gonzalo, sabes
en que he reparado? *D. Gon.* En que?
D. Juan. En que cuando tu cenaste
en mi Casa, tuvé yo
músicos que nos cantasen,
y aqui (segun hasta ahora
voy viendo) para igualarme.
quien nos cante no has traido
dos tonadas.
D. Gon. Te engañaste, *truen.*
y para que no eches menso
esa circunstancia: Canten.
Cam. Si, si, al compas de los truenos
vaya un requiescat in pace:
mas, qué me quieres, culebra
de dos mil Demonios? Zape.

Mús. Mortal, advierte, que aunque
de Dios, el castigo tarde,
no hay plazo que no se cumpla,
ni deuda que no se pague.
D. Juan. Qué escucho? Cielos? la letra,
que habla conmigo es constante,
pues burlándome del Cielo,
creí fuesen inmortales
mis alientos; pero á mí
hay susto que me acobarde?
De beber.   *D. Gon.* La Copa.
Cam. El vino,
ya estará vuelto vinagre,
por que allá en el Purgatorio
siempre son Caniculares.
Sacan los dos pages dos copas de donde sale fuego.
D. Juan. Fuego me das a beber?
D. Gon. Sí Don Juan, para enseñarte
á sufrir el que te espera.
D. Juan. Que dices?
D. Gon. Lo que escuchaste.
D. Juan. Pues yo :- hay infeliz!
D. Gon. Ahora te turbas?
D. Juan. No he de turbarme
si para un rindis, me ofreces
un abismo de volcanes?
D. Gon. Si asustan para minutos,
que harán para eternidades?
D. Juan. Que se yo? La mesa quiten,
que tengo, ántes de acostarme,
que hacer.   *Se hunde la mesa.*
D. Gon. En tu vida, habrás
hecho tan largo viage.
D. Juan. Don Gonzalo, hasta la vista.
D. Gon. Tendrás valor para darme
una mano?   *D. Juan.* Por que no?
Siendo en nuestras amistades
razon, apretar el nudo:
mas hay infeliz! que haces?
D. Gon. Mostrarte el fuego que animo.
Cam. Ay Jesus, que hace visages,
asi que le tomó el pulso!
D. Juan. No me quemes, no me abrases.
D. Gon. Por qué no, si de esta suerte
me ordena Dios, que te mate?
D. Juan. Por qué tanto enojo?
D. Gon. Por que,
ni aun en las piedras, ultrajes

los respetos de la Iglesia.
Se abraza Don Juan con Don Gonzalo.
D. Juan. Deja que en tu yelo apague
este incendio que me quema.
D. Gon. Ahora verás, que al postrarte,
no fia en vano, quien fia
en que Dios le desagravie.
D. Juan. Ya lo veo, y pues mi muerte
su Justicia satisface,
Dios mio, haced, pues la vida
perdí, que el Alma se salve.
D. Gon. Dichoso tu, si aprovechas
la eternidad de un instante.
D. Juan. Piedad, Señor: si hasta ahora
huyendo de tus piedades,
mi malicia me ha perdido,
tu clemencia me restaure. *cae muerto.*
Cam. Ay que le ha muerto, Dios mio!
D. Gon. Pues se cumplió el inefable
Juicio de Dios, de mi nicho
ocupe el tallado jaspe;
y el error humano advierta,
que por mas que se dilate:-
El y Mu. No hay plazo que no se cumpla,
ni deuda que no se pague.
Se vuelve á poner en el Sepulcro, bajan los dos Escotillones, con los Pajes, que se llevan las Sillas.
Cam. Acabóse, esto es hecho,
credos, paternostes, salves,
artículos, mandamientos,
y todas las demas partes
del Cathecismo me ayunden:
culebra, quieres dejarme?
Lleve el Demonio tu alma.
Mas qué es lo que miro? Tate,
en su antiguo puesto, el muerto
se puso, sin acordarse
del Criado; pues qué espero,
que á contar caso tan grave
no parto, pues ya amanece?
poética licencia, dame
forma de que abrevie el tiempo
los términos.   *vase.*
Ocúltase la Capilla, y en Salon corto, salen Rey, Conde, Marques, Filiberto, y Beatriz.
Rey. Nadie me hable
en que á Tenorio, perdone.

Mar. Pues cuando le perdoneis,
bien, Señor, lo merecieran
los servicios de su padre.
Rey. Es asi, Marques; mas cuando
son los delitos tan grandes,
no se deben aceptar
peruiciosos ejemplares,
pues si una culpa se indulta,
muchos yerros se persuaden.
Fil. Pues ya que ese ruego en vos,
Señor, poco lugar halle,
otro os merezca piadoso.
Rey. Cual es?
Fil. Que mi amor alcance
ser de Doña Ana de Ulloa
esclavo.   *Rey.* Yo de mi parte
haré: - mas qué ruido es este?   (se.
den. Cam. He de entrar, no hay que cansar-
dan. Cria. 1.º Sigámosle, hasta saber
si prodigio tan notable
es verdad.   *Con.* Hácia este sitio,
siguiéndole inumerable
gente, Don Diego Tenorio,
viene.   *Rey.* Si otro pesar trae?
Tenorio, qué es esto?
    Sale Don Diego, y Camacho.
D. Die. Esto es, Señor (si acaso sabe
decirlo el dolor) haber Don Juan:-
Rey. Pasad á delante.
D. Die. Muerto tan tragicamente
como vivo: pero en valde
se esfuerza el labio. *Rey.* Qué ha sido?
Cam. Que le dio muerte, de lance,
Don Gonzalo.

Rey. Pues cómo, si muerto yace,
pudo hacerlo?   *Cam.* En su Capilla
fue esta noche á visitarle,
y para postre de cena,
hallándome yo delante,
le hizo sacar un platillo
de alcaparrones mortales.
D. Die. El consuelo, que me queda
es, saber que en igual trance
se arrepintió de sus culpas.
Cam. Yo testigo, y no soy sastre.
Rey. Si será cierto este asombro?
D. Die. Para mejor informarte,
venid conmigo, Señor,
donde, aunque el dolor me acabe,
veas de mi mal los testigos.
Rey. Vámos.
D. Beat. Aunque en igual lance
oyó mis quejas el Cielo,
fuerza es, como al fin su amante,
sentir su infeliz tragedia.
Fil. Qué mucho, que en esto paren
cóleras que al Cielo irritan?
D. Die. Aunque su honor no restaure
Beatriz, por mi cuenta corre.
D. Beat. Asi tendré que estimarle
algo al hado.
Con. y Mar. Absorto estoy de oirlo.
Cam. Yo me meto Friale,
que es lo mejor.
Todos. Y aqui, ilustre
Senado, con esto acabe
el Convidado de Piedra,
perdonad sus faltas grandes.

FIN.

BARCELONA:

POR D. JUAN FRANCISCO PIFERRER, IMPRESOR DE S. M.

1834.

Zamora, Antonio de

No hay plazo que no se cumpla
1834.

Vet Span. III B 118 (75)

Milton Keynes UK
Ingram Content Group UK Ltd.
UKHW020903220823
427262UK00005B/213